Med Kamel YAHIAOUI

L'ALGERIE règle ses comptes avec la FRANCE

©Copyright (2025) Med Kamel YAHIAOUI, droits de l'auteur protégés

© Med Kamel YAHIAOUI

Édition : BoD · Books on Demand, 31 avenue Saint-Rémy, 57600 Forbach, bod@bod.fr

Impression : Libri Plureos GmbH, Friedensallee 273, 22763 Hamburg (Allemagne)

Distribution : SODIS, groupe Lagardère

ISBN : 978-2-3226-3489-7

Dépôt légal : Mai 2025

©Copyright (2025) Med Kamel YAHIAOUI, droits de l'auteur protégés

Table des matières :

5 - Préface

6 - Histoire mémorielle, l'arme politique :

Les acteurs d'une tragédie malgré eux, algériens, pieds-noirs, harkis et pseudos collaborateurs

14 – L'exploitation mémorielle en France :

Conséquences humaines et matérielles de 1830 à 1962

54 – L'Algérie création française

67- Le pouvoir des généraux algériens

Le pourquoi de l'implication de l'armée

La primauté militaire dans les autres états

78 – Diplomatie & géopolitique, les sourds conflits

81 – L'électorat des rapatriés d'Algérie et l'impact sur la politique française

83 – Les déconvenues de la politique algérienne

L'ère Boumédiène, le multipartisme, la guerre civile, Bouteflika, le libéralisme et la corruption, le mouvement « Hirak » et la nouvelle Algérie

99 – Diplomatie et économie de la nouvelle Algérie

105 – Chroniques des derniers conflits 2024-2025

©Copyright (2025) Med Kamel YAHIAOUI, droits de l'auteur protégés

111 - une guerre diplomatique aux allures de compagne électorale

Les embrouilles concernant les écrivains B. Sansal, K. Daoud, les influenceurs, les OQTF, les visas, les accords et les opposants

121 – Les écrivains algériens, des convictions intimes ou monnayées

130 – L'influenceur Amir DZ, le kidnapping

136 — Droite et extrême droite, en avant toute !

La restitution des biens historiques algériens

141 - l'Algérie et ses immigrés, décidément

Subvention de développement, visa, transfert d'argent

147 - Les OQTF, le nouveau mot magique qui rapporte gros en politique

152 – le mythe de la rente pétrolière en Algérie

Subventions, part PIB et corruptions

160 - Le difficile équilibre de la France entre l'Algérie, le Maroc et le piège du Sahara occidental

175 - Pétrole et gaz africain, la rivalité franco-algérienne et la discrète Société nationale

178 – Zemmour et l'histoire des juifs d'Algérie

©Copyright (2025) Med Kamel YAHIAOUI, droits de l'auteur protégés

Préface :

Des révélations explosives et inédites qui éclaircissent ou assombrissent les faits réels ou tronqués de l'Algérie, l'histoire mémorielle de la colonisation et les relations tumultueuses franco-algériennes.

Un projecteur éclairant sur les récits tronqués ou incomplets de la colonisation, qui plairont ou déplairont aux pieds-noirs et à leurs descendants, aux harkis et à leurs enfants et petits-enfants, aux Algériens eux-mêmes et particulièrement à ceux de la diaspora, à toute personne ayant un lien direct ou indirect avec l'Algérie, ainsi qu'aux partis politiques, surtout ceux de l'extrême droite et de la droite conservatrice en France.

Un livre qui, sans concession ni précautions oratoires, tape là où il le faut.

©Copyright (2025) Med Kamel YAHIAOUI, droits de l'auteur protégés

L'histoire mémorielle, l'arme politique

Qui de l'Algérie ou de la France, en fait un usage politique récurrent ?

Ce n'est plus une bourrasque médiatique, mais un déluge continu qui s'abat sur l'Algérie de la part de la France depuis cet été de l'année 2024 et les causes en apparence ne sont pas forcément les raisons évoquées.

Les tensions entre l'Algérie et la France sont, tant s'en faut, à l'image des disputes dans les cours de récréation, fréquemment entretenues par des querelles et, à juste titre, celle de l'histoire mémorielle, qui a laissé des blessures profondes parmi les populations des deux côtés.

Malheureusement, nos politiciens contemporains s'évertuent à la modeler à leur guise pour leur propre ascendance politique.

Contrairement à ce que l'on pourrait croire en observant l'agitation de ce thème récurrent, particulièrement chez certaines familles politiques en France et le peu de figures des révolutionnaires algériens.

Le peuple algérien :

©Copyright (2025) Med Kamel YAHIAOUI, droits de l'auteur protégés

Le peuple algérien, et en particulier les générations qui ont vécu après l'indépendance, est bien conscient des terribles conséquences de la colonisation, que leurs aïeux ont transmises par le biais de récits oraux.

Ils ont fait psychologiquement la paix avec le passé pour se tourner vers un nouvel horizon, bien qu'il reste, malgré tout, des chiffres macabres, ineffaçables, inscrits en sang sur ses terres, dans ses plaines et ses montagnes d'Algérie.

Pour ces crimes, ils ne demandent pas de dédommagement ni de repentance, mais juste une reconnaissance des faits de ces horribles guerres.

C'est ce qu'il leur faudra pour faire le deuil des 1 800 000 citoyens tués de 1830 à 1902 (a minima), les 45 000 civils tués en 1945 alors qu'ils célébraient la libération de la France et demandaient la leur, et finalement pour les 1 500 000 victimes de 1954 à 1962.

Les pieds-noirs :

Les rapatriés d'Algérie aussi voudraient en finir avec ces plaies qui tardent à guérir. Il en fut pratiquement de même pour eux, qui subirent une première peine, celle de la mort des leurs, la perte d'un lieu paradisiaque et les racines de

©Copyright (2025) Med Kamel YAHIAOUI, droits de l'auteur protégés

leurs aïeux, puis une seconde peine, inhérente à l'accueil exécrable en métropole et au départ précipité entre deux feux et deux menaces antagonistes :

D'un côté, l'OAS qui s'opposa d'abord au départ des Français d'Algérie vers la métropole, pour maintenir une Algérie française, puis finir avec la politique de la terre brûlée et du diktat de « la valise ou le cercueil ». Ces évènements se sont soldés par environ 3 000 assassinats, y compris de français, en moins d'un an et demi.

D'un autre côté, le FLN a commis 2992 assassinats de civils français pendant plus de sept ans et demi de guerre, en plus des 28 000 soldats français morts au combat. On doit également considérer les séquelles physiques subies par les survivants du contingent, sans compter celles des disparus français et algériens, dont on ignore toujours si leur mort fut causée par l'OAS ou par le FLN.

Les réfugiés dans leur propre pays :

Et ces populations des douars et des mechtas qui servaient à la fois de refuge et de nourriture aux maquisards de l'Armée de libération nationale (ALN) que la France avait déplacées de leurs terres de subsistance déclarées « zone interdite » *(1)*, soit plus d'un tiers des autochtones

©Copyright (2025) Med Kamel YAHIAOUI, droits de l'auteur protégés

(3 000 000 d'individus), pour les regrouper dans des campements militaires entourés de barbelés, encadrés par des militaires du Service d'actions sociales (SAS). Bien qu'ils assurent des soins médicaux de base aux résidents, ces bureaux, dirigés par un lieutenant et ses militaires, servaient surtout à enrôler des auxiliaires et des soldats indigènes, communément appelés aussi des harkis.

> (1) *En temps de guerre, une zone interdite désigne un territoire où l'accès est totalement interdit par l'autorité militaire, ce fut le cas d'une majorité des compagnes pendant la guerre. Toute personne qui s'y trouvait était tuée sans sommation. Des paysans algériens ont tenté de revenir sur leur terre pour récupérer quelques biens laissés dans leurs maisons, ils ont été abattus par les militaires en stationnement à proximité ou bombardés par les avions.*

Les harkis et collabos malgré eux :

Il reste le sort des « chairs à canon » que furent les harkis, ces civils enrôlés sous la contrainte de l'administration ou de l'armée française, comme la plupart des démunis autochtones à la recherche de quoi nourrir leurs enfants.

©Copyright (2025) Med Kamel YAHIAOUI, droits de l'auteur protégés

Ils sont loin d'être des fidèles à la France, à l'exception de la minorité d'engagés volontaires qui le faisaient par tradition militaire, comme leurs parents-soldats pendant la première et la deuxième guerre mondiale dans les rangs de l'armée coloniale française. On compte aussi parmi eux les familles condamnées pour trahison par le FLN qui trouvèrent refuge sous le drapeau français, ou encore les engagés volontaires qui cherchaient le prestige de l'uniforme militaire et le pouvoir qui s'y attache pour hausser leur nombril.

Et les collaborateurs contraints, ces indigènes des campagnes laissés sur leur lieu de vie, l'armée a eu la sournoise idée de leur distribuer des fusils pour combattre leurs frères révolutionnaires de la région. Le résultat était moins probant qu'espéré. Quelques-uns ont rejoint la résistance avec les armes qu'on leur a remises, tandis que les autres, traités de traitres, ont été exécutés ou ont trouvé refuge dans les casernes militaires voisines.

Le sort de ces harkis et autres présumés collabos a été d'autant plus dramatiques : leurs pairs les ont traités de « traitres », les Français les ont abandonnés et livrés à la vindicte populaire, jetés après usage comme des mouchoirs jetables.

©Copyright (2025) Med Kamel YAHIAOUI, droits de l'auteur protégés

Pour ceux qui ont réussi à traverser la Méditerranée, l'accueil en France s'est fait à contrecœur, et ils se sont retrouvés parqués dans des camps, loin des Français de souche, pour lesquels ils avaient combattu leur propre peuple d'origine.

On oublie trop souvent de mentionner que, parmi ces fameux harkis et collaborateurs (1), une quantité non négligeable ont, dans un double rôle, rendu d'importants services à la révolution algérienne, en facilitant par exemple le passage de médicaments, d'armes, l'argent des cotisations et même de membres actifs du FLN/ALN d'un lieu à un autre.

Il y a eu également de nombreux harkis qui avaient déserté, en groupe ou individuellement, en emportant armes et bagages pour rejoindre le maquis et incorporés donc les rangs de l'armée de libération nationale.

L'un des déserteurs les plus célèbres était le jeune militaire Ali KHODJA, surnommé ainsi par ses camarades de l'ALN. C'est lui qui a organisé l'évènement militaire le plus marquant de l'histoire de la guerre d'Algérie : la fameuse embuscade de PALESTRO, dans les montagnes de Kabylie, en mai 1956. Cette embuscade s'est soldée par la mort de 19 soldats français et a hanté les rangs de l'armée française pendant de nombreuses années, à cause de sa cruauté.

©Copyright (2025) Med Kamel YAHIAOUI, droits de l'auteur protégés

(1) *Extrait de mon livre « Le petit fellagha », édition 2019, disponible dans les librairies en ligne et classiques en France.*

Ceux parmi eux qui ont servi dans l'armée française et qui ont réussis à rejoindre la France, ce sont réfugiés dans une sorte d'amnésie, tout comme les appelés du contingent. Les atrocités auxquelles ils ont assisté en Algérie sont difficilement racontables par ceux qui les ont faits ou vus le faire, le plus souvent involontairement et sous la contrainte de la sacro-sainte devise militaire « les militaires doivent obéissance aux ordres de leurs supérieurs »

En prime, les harkis subissent un cas de conscience supplémentaire qui s'ajoute à leur désarroi, celui d'avoir trahi ses frères algériens, bien que, comme il a été cité plus haut, la majorité parmi eux a été embrigadée involontairement et parfois sous la contrainte.

Aujourd'hui encore, le terme « harki » est devenu synonyme de « traite », une rengaine qui s'atténue certes en Algérie, mais reste encore vivace.

Le sort des enfants et petits-enfants des harkis, ces sacrifiés de la guerre d'Algérie, subissent, par ricochet, la déconsidération de leurs parents

©Copyright (2025) Med Kamel YAHIAOUI, droits de l'auteur protégés

comme s'ils étaient responsables des tragiques mésaventures de leurs ascendants.

Certains s'insurgent contre cette sévérité de jugement, jusqu'à bannir leur origine algérienne et renier cet héritage. D'autres, plus conciliants, veulent perpétuer cette identité ancestrale et l'adapter à leur double culture franco-algérienne, en attendant une amnistie pour arborer eux aussi le drapeau algérien dans une main et le drapeau français dans l'autre. Ils espèrent qu'un jour, l'Algérie lancera un appel à ces enfants en perte d'identité en leur disant : « Venez, l'Algérie, le pays de vos ancêtres vous attend. Vous n'êtes pas responsables des égarements de vos parents. »

©Copyright (2025) Med Kamel YAHIAOUI, droits de l'auteur protégés

L'exploitation mémorielle en France

Il faut dire que l'histoire mémorielle de la colonisation de l'Algérie par la France est un thème à multiples facettes, qui subtilement utilisé dans les débats politiques, peut rapporter gros.

Telle une séance de remue-méninges marketing, le mot « Algérie » émerge comme une option privilégiée. Tout ce qui y est associé est mis en avant, parfois de manière trompeuse. C'est le cas de l'exemple déclenché, à la fin de juillet 2024, par un ministre de l'Intérieur français en quête de crédibilité politique pour les présidentielles de 2027. Il est aidé dans sa démarche par une extrême droite qui n'hésite jamais à attaquer l'Algérie et les Algériens, son terrain de prédilection.

Il faut dire qu'il existe en France un vrai terroir de l'algérophobie dû aux séquelles d'une décolonisation mal assumée.

À calculer les chiffres mortifères de cette ignoble tragédie Algéro-Française depuis l'occupation de 1830 jusqu'à l'indépendance de l'Algérie en 1962, on se demande quel pays de l'une ou l'autre rive de la méditerranée a été le plus sinistré.

Attardons-nous à déchiffrer simplement les civils tués dans les deux camps, les militaires et les révolutionnaires pour l'indépendance étant, par

©Copyright (2025) Med Kamel YAHIAOUI, droits de l'auteur protégés

destination, la matrice essentielle de toute guerre pour laquelle ils sont destinés.

<u>Conséquences sur les civils algériens</u> :

- Dès le début de l'expédition en Algérie en 1830 et jusqu'à l'achèvement de la colonisation totale en 1902 (sud algérien), plus de 1 800 000 de civils algériens ont été tués, soit la moitié de la population de l'époque.

- En mai 1945, alors que la France célébrait la victoire contre l'Allemagne nazie dans les villes algériennes de Sétif, Kerrata et Guelma, à laquelle ont contribué environ 140 000 soldats algériens pour une guerre qui n'était pas la leur, mais qu'ils espéraient recouvrer leur liberté après celle-ci, on estime à 45 000 le nombre de civils algériens tués. Certains historiens la confirment, d'autres la minimisent.

- Pendant la guerre d'indépendance qui a commencé en novembre 1954 pour finir le 2 juillet 1962, on parle de 1.500.000 civils algériens tués ou disparus.

- Cette guerre coloniale a également entraîné des conséquences désastreuses souvent négligées et mal comprises : les essais nucléaires dans le désert algérien, les millions de bombes personnelles enterrées le long des frontières avec la Tunisie et le Maroc, la déforestation et la contamination des terres cultivables dues aux bombardements chimiques, y compris l'utilisation du sinistre napalm. Ces résidus nocifs continuent d'alimenter la liste des milliers de victimes algériennes décédées, contaminées ou handicapées. Selon les méthodes de calculs utilisés, ce chiffre varie considérablement, les Français ont tendance à le minimiser alors que les Algériens sont supposés le surestimer.

Donc au total, si l'on retient la fourchette la plus basse (certains historiens évaluent à plus de 5.000.000 Algériens tués), pas moins de 3.350.000 civils algériens tués depuis le début de la colonisation jusqu'à l'indépendance de l'Algérie en 1962, soit l'équivalent d'un tiers de la population sur la base de celle au jour de l'indépendance.

<u>Conséquence sur les civils français :</u>

Les horreurs des massacres ne sont pas proportionnelles au nombre de victimes et tout un chacun déplore la mort des siens, même si, par le nombre de victimes de cette incompréhensible guerre, les Français furent les plus épargnés :

- Le nombre de civils français tués dans les attentats du FLN/ALN pendant la guerre

©Copyright (2025) Med Kamel YAHIAOUI, droits de l'auteur protégés

d'Algérie de la période du 1ᵉʳ novembre 1954 au 19 mars 1962 est estimé à 2992 civils français.

- L'organisation armée secrète (OAS) a tué environ 2800 citoyens confondus, 300 Français en Algérie, 74 autres français en France et 2400 Algériens à l'intérieur de l'Algérie, et ce, pendant la seule période de février 1961 au 5 juillet 1962.

Il est assez difficile, surtout après le cessez-le-feu du 19 mars 1962, avec l'intensification des meurtres de l'OAS et la contre-offensive du FLN, de déterminer la responsabilité de chacun d'eux concernant non seulement le nombre exact de tués, mais aussi ceux des personnes présumées disparues.

- Concrètement, on peut estimer, avec une marge d'erreur réduite, à un total de 3400 Français tués, à la fois par le FLN (2992) et l'OAS (400) pendant toute la période de la guerre d'Algérie.

- Dans cette macabre comptabilisation, on s'aperçoit que les victimes civiles des attentats des deux communautés commis par l'OAS depuis sa fondation en février 1961 jusqu'en juillet 1962, soit en un peu plus d'une année et demie (3400), dépassent le total des victimes civiles françaises des attentats du FLN/ALN (2992) durant toute la guerre (du 1er novembre 1954 au cessez-le-feu du 19 mars 1962), soit pendant moins de huit ans.

Un paradoxe : la plupart des Français d'Algérie, qui étaient aisés, ont quitté ce pays pour venir en France parce que le général de Gaulle s'orientait vers une « Algérie algérienne », percevant ainsi l'inéluctable avènement d'une Algérie indépendante. À ce moment, l'OAS a entamé une politique de la « terre brûlée », en même temps qu'elle arborait le slogan « la valise ou le cercueil » (a).

Ce revirement semble avoir influencé le départ massif de ceux qu'on appelle communément les pieds-noirs (environ 600 000 personnes ont quitté l'Algérie au 30 juin 1962). Ils étaient conscients que rien ne serait plus comme avant, bien que les accords d'Évian, signés le 19 mars 1962, leur garantissent la continuité du vivre-ensemble dans la nouvelle Algérie et même avec la possibilité de contribuer à la formation de cette nouvelle Algérie indépendante *(b)*.

Certains historiens attribuent le slogan de « la valise ou le cercueil » à l'organisation OAS qui, sentant la perte d'une Algérie française, pratiqua la politique de la terre brûlée pour ne pas laisser au futur gouvernement la constitution d'une Algérie indépendante.

Le peuple algérien a indéniablement été le plus durement touché avec ses plus de 3 350 000 victimes, comparativement aux Français d'Algérie qui ne comptaient que 3 400 victimes civiles.

Pendant la guerre d'Algérie, toute la population algérienne, appelée « population indigène » à l'époque, était directement ou indirectement engagée dans le soutien à la lutte pour l'indépendance. Il était assez rare de ne pas trouver au moins un membre de la famille impliqué dans la guerre d'indépendance, soit parmi les militants de l'OCFLN (Organisation civile du Front de libération nationale) ou dans les rangs des combattants de l'ALN. Le reste de la population finançait la révolution par une cotisation obligatoire. L'armée française considérait cet acte comme une complicité avec les partisans de l'indépendance. De nombreux citoyens algériens furent torturés, emprisonnés ou tués sans jugement préalable pour cette seule présomption.

Ainsi, il était rare qu'une famille ait échappé aux pertes : morts, arrestations, viols, disparitions, détentions, interrogatoires dus précisément à ses engagements en faveur de l'indépendance.

Le résumé ci-dessus n'a pas vocation à faire un calcul comparatif macabre, mais pour souligner l'importance des séquelles de cette guerre dont les récits se transmettent de génération en génération jusqu'à nos jours, même s'ils s'atténuent avec le temps.

Après ce sommaire bilan de civils tués pendant l'occupation française, à savoir 3.400 civils français et 2.600.000 Algériens (fourchette la plus basse), on s'aperçoit d'emblée que le désastre des Algériens est loin d'être anodin.

Revenons maintenant aux sempiternelles questions « d'histoire mémorielle » et « de repentance » qui sont régulièrement évoquées par les Français. Elles servent probablement davantage à occulter les conséquences de la colonisation française en Algérie que le fallacieux prétexte que le pouvoir algérien les utilise pour soi-disant coaliser autour de lui une population contestataire, cette affirmation est totalement fausse et pour cause :

- Lors de la grande manifestation populaire des Algériens en février 2019, qui a réuni pas moins de treize millions de personnes, la contestation portait principalement sur le rejet de la réélection à la présidence d'Abdelaziz Bouteflika, malade, mais surtout soutenu par la France, qui tirait d'importants avantages économiques par corruption pendant sa présidence *(c)*. Les manifestations réclamaient, entre autres revendications, la destitution et le jugement des ministres et hommes d'État corrompus qui favorisaient ce pillage en faveur de la France majoritairement.

- Un autre signe prépondérant que la population algérienne ne semble pas être affecté par une pression mémorielle de la part de ses gouvernants pour conforter leur pouvoir ; grand nombre de pieds noirs ont voyagé en l'Algérie et revisité les quartiers et les maisons où ils sont nés et vécus. Les pieds noirs ont reçu un accueil chaleureux et sans animosité de la part des citoyens algériens, certains allant même jusqu'à dire qu'ils ont été submergés par la gentillesse de ces derniers. Cette barrière d'appréhension levée, des personnes d'origine française nées ou ayant vécu en Algérie, ainsi que leurs descendants, se rendent régulièrement en Algérie pour un pèlerinage de mémoire familiale. Ce nombre ne cesse d'augmenter. L'on voit même des agences en France se spécialiser dans ce tourisme confiant et convivial.

- Il y'a effectivement une approche différente en ce qui concerne la colonisation et la guerre d'Algérie. En France, un consensus quasi unanime a été observé parmi les 1,5 million de soldats français qui ont participé à la guerre d'Algérie pour ne pas décrire les atrocités commises ou observées par eux. En Algérie, en revanche, les souffrances endurées par les victimes et leur descendance sont tellement profondes que les dirigeants n'ont pas besoin de les évoquer pour se maintenir au pouvoir, comme le disent souvent les politiciens français.

- Lors de l'accession à l'indépendance algérienne de 1962, le premier différend entre les leaders algériens pour la création d'un état algérien portait justement sur les concessions faites à la France dans les accords d'Évian de 1962 par les dirigeants du Gouvernement provisoire de la République algérienne, signataires des accords ; les opposants leur reprochaient d'avoir mal négocié les accords en dispensant la France des poursuites pour crimes de guerre et de génocide, occulté les réparations financières pour les spoliations des biens et l'indemnisation des morts civils algériens comme il est d'usage à la fin de chaque guerre et pas que (d)

- Or, ni le pouvoir algérien actuel ni le peuple algérien lui-même ne revendiquent de repentance ni d'indemnisation, mais seulement la reconnaissance de ces atrocités pour permettre aux **Algériens** de faire honorablement le deuil de leurs victimes pendant cette sinistre colonisation.

- Le plus étonnant c'est que même si cette revendication, quoique légitime, était silencieusement évoquée dans les rouages diplomatiques, il a fallu attendre une polémique pour qu'elle ressurgisse, celle suscitée par l'article 4 de la loi française du 23 février 2005 sur les rapatriés, mentionnant le "rôle positif de la présence française, notamment en Afrique du Nord et donc en Algérie", adoptée par l'UMP. Bien que cet article fut abrogé par la suite, cela n'a pas empêché le député **RN José Gonzales**, doyen de l'Assemblée nationale, de remettre, en juin 2022, une couche sur les bienfaits de la colonisation en **Algérie**.

Antérieurement, il y avait également des lois d'amnisties qui ont offusqué les Algériens, comme :

Les lois de 1964 et 1968 amnistiant toutes les infractions liées aux événements d'Algérie, y compris celles commises par les membres de l'OAS et les militaires

La loi controversée adoptée en 1982, sous François Mitterrand, pour clore définitivement les séquelles des événements d'Algérie qui ont permis à des figures de l'OAS, comme le général Salan, de retrouver leurs droits civiques et militaires.

- Lors de son voyage en Algérie, le président français Emmanuel MACRON a tenté d'apaiser la question mémorielle en reconnaissant que « la France a commis des crimes de guerre en Algérie ». Il se rétracta aussitôt à son retour en France, sous la pression de la sphère politique d'extrême droite et de droite. Il surenchérit avec les thèses qui horripilent les Algériens, comme « les bienfaits de la colonisation » *(e)* et « L'Algérie, une création française » *(F)*. Cette action a encore exacerbé les tensions et a convaincu les Algériens que les Français sont loin de reconnaître la vérité historique de la colonisation française en Algérie. Ils ont l'impression que les Français tentent de transformer ce récit en un outil politique qui sert leurs intérêts, tant que cela leur est avantageux dans l'opinion publique, en particulier auprès des citoyens qui ont un lien avec l'Algérie, que ce soit par leurs ancêtres, comme les pieds-noirs, les Harkis, les appelés du contingent, ou leurs descendants.

Les Français d'Algérie, malgré la dureté de la guerre qui continuait à sévir depuis son déclenchement le 1er novembre 1954, surtout à l'égard de la population autochtone, d'autres évènements vont s'y greffer au début de l'année 1961, et marquer l'esprit des Français d'Algérie jusqu'à nos jours.

Les équivoques que suscita le général de Gaulle dès son arrivée au pouvoir en 1958, tantôt pour la continuité d'une Algérie française, puis d'une Algérie Algérienne, laissaient présager une issue défavorable.

Bien que subtilement, le général de Gaulle ait recouru à un référendum en janvier 1961 où 75 % des Français de métropole se sont prononcés en faveur de l'autodétermination de l'indépendance de l'Algérie, c'était le désarroi parmi les Français d'Algérie qui étaient majoritairement contre.

C'est alors qu'un coup d'État militaire visant à maintenir l'Algérie française fut fomenté par des

généraux. Ce coup d'État était appuyé par une adhésion populaire animée par le sentiment de trahison et d'abandon de l'Algérie française. Il fut précédé par la création à Madrid, le 11 février 1961, de l'Organisation de l'Armée secrète (OAS) par Pierre Lagaillarde et Jean-Jacques Susini. Cette organisation s'attaqua par des actes terroristes aux opposants de sa thèse, principalement des Français, mais aussi des Algériens.

Cette nouvelle donne va encore plus assombrir l'avenir. Elle va susciter des évènements meurtriers jusqu'à l'indépendance du 5 juillet 1962, parmi lesquels :

- La fusillade de la rue d'Isly Alger qui a eu lieu le 26 mars 1962, une semaine après la proclamation du cessez-le-feu du 19 mars 1962.

    Ce jour-là, des Français, civils et non armés, qui soutenaient l'Algérie française, manifestent pour contester le blocus militaire imposé à la suite de la mort de sept soldats du contingent, tués par des membres de l'OAS lors d'un accrochage

    La foule des manifestants est mitraillée durant une quinzaine de minutes par des soldats de l'armée française. le bilan de la fusillade s'est soldé par 49 manifestants tués et plus de 200 blessés.

- Le massacre d'Oran du 5 juillet 1962. Des escarmouches, des attentats et des tueries se sont produits dans d'autres villes algériennes après la déclaration fiévreuse des accords d'Évian du 19 mars 1962. Les sinistres évènements survenus à Oran ont cependant surclassé les actes terroristes de l'OAS ainsi que ceux en réplique du FLN. Oran se distingue par sa population presque à parité entre les autochtones (213 000) et les Européens (220 000). La ville est également divisée en deux secteurs distincts, l'un pour les Européens et l'autre pour les autochtones. Proportionnellement aux autres villes et au vu de l'importance en nombre de la population européenne, l'OAS y était largement implantée, ses actions violentes contre les Français renonçant à une Algérie française et les autochtones pro-indépendance furent les victimes de leurs violents attentats et meurtres, et ce, depuis la création de l'organisation en février 1961. En réaction, le FLN avait anticipé son entrée dans la ville d'Oran pour protéger les villageois algériens. La rivalité de violence entre les deux belligérants n'a fait qu'accentuer le désarroi des citadins.

La peur alimentée par les actions violentes et quotidiennes de l'OAS et du FLN n'a fait qu'exacerber les deux communautés et instaurer entre elles un climat de tension et de haine. C'est dans cette atmosphère que se déclencha le massacre du 5 juillet 1962. Sur la place centrale de la ville, un secteur européen était bondé de manifestants autochtones pour célébrer la victoire de l'indépendance. Soudain, un coup de feu retentit, sans que l'on sache d'où il venait. Des tirs nourris répondirent en écho, semant la panique parmi la foule. Le bilan des morts est catastrophique : la première source indique 20 Européens et 75 musulmans tués. Ces chiffres ont été revus à la hausse : 353 Européens et environ 100 musulmans ont été tués ou portés disparus. La peur, alimentée par les actions violentes de l'OAS, a exacerbé les rivalités et les tensions ethniques.

On n'a jamais su qui a été à l'initiative de cette tuerie, les uns incriminent le FLN pour assoir son pouvoir, d'autres l'attribuent à l'OAS, très implantée dans une ville majoritairement habitée par des Européens, dans sa dernière tentative de la terre brulée et comme ultime punition de ceux qui n'ont pas été solidaires pour le maintien d'une Algérie française.

- En août 1955, dans la ville de Philippeville, le Front de libération nationale (FLN) a perpétré un massacre de 127 Français, démontrant sa puissance dans cette ville et dans d'autres du département de Constantine. Cette tuerie a profondément marqué les esprits, non seulement des Européens, mais aussi des Autochtones. Après cet évènement tragique, environ 3000 Autochtones ont été arrêtés et exécutés au stade municipal. Cela s'est produit en même temps qu'une véritable chasse aux Arabes, organisée par les Européens, qui tiraient sur tout Autochtone aperçu dans la ville.

En entamant la septième décennie de la fin de cette colonisation et l'indépendance de l'Algérie, certains Français ont réussi à laisser derrière eux la triste épopée de la colonisation, qui a marqué une époque révolue et qui est aujourd'hui regrettée par la plupart des gens des deux côtés de la méditerranée.

Cependant, d'autres s'accrochent à cette histoire, refusant de faire le deuil de cette aventure coloniale malheureuse qu'ils ont vécue eux-mêmes et/ou leurs ancêtres.

Certains veulent même s'attribuer des actions nobles en se présentant comme des pionniers ayant mis en valeur une terre jusque-là inexploitée, ayant apporté une civilisation salvatrice à un peuple sauvage. Les premiers le font par une croyance naïve. D'autres le font pour se déculpabiliser de l'oppression, de la spoliation et de la réduction presque à l'esclavage d'un peuple pacifique qui ne demandait qu'à vivre en paix et selon ses traditions ancestrales.

Cette tentative de déculpabilisation a été d'autant plus accentuée par l'accueil et l'attitude exécrables des Français de métropole qui traitèrent ostensiblement tous les pieds-noirs de colons profiteurs et d'esprits prétentieux.

La valorisation postcoloniale du bienfait de la colonisation n'est pas propre à la France, et encore moins aux Français d'Algérie. Il serait utile de le rappeler. La colonisation de l'Algérie par la France à partir de 1830 était une colonisation de peuplement, une aubaine pour les gens qui voulaient émigrer vers un eldorado économique dans une période de quasi-famine. Une multitude de nationalités y ont participé, dont principalement des Alsaciens en passe de redevenir

©Copyright (2025) Med Kamel YAHIAOUI, droits de l'auteur protégés

Français, des Italiens, des Espagnols, des Maltais, des Portugais et des Corses.

En réalité, les thèses d'une colonisation bénéfique sont largement réfutées par ceux qui ont mené cette guerre coloniale.

 Le général Bugeaud l'a d'ailleurs clairement affirmé : « Le but n'est pas de courir après les Arabes, ce qui est fort inutile ; il est d'empêcher les Arabes de semer, de récolter, de pâturer, de jouir de leurs champs, allez tous les ans, leur brûler leurs récoltes ou bien exterminez-les jusqu'au dernier. » *Si ces gredins se retirent dans leurs cavernes, imitez Cavignac aux Sbéhas ! Fumez-les à outrance comme des renards »*

La triste et célèbre phrase du général Bugeaud « *Fumez-les à outrance comme des renards* » qui consistait à enfumer des enfants, des femmes et des hommes autochtones dans des grottes, a été mise à exécution et pratiquait quotidiennement à tel point que les légendes de cette horrible mort se racontaient dans les familles plus d'un siècle plus tard.

Cette méthode d'asphyxie a aussi été employée pendant la guerre de 1954 à 1962, mais avec une cruauté accrue par l'armée française, qui utilisait alors des grenades et d'autres engins remplis de substances chimiques. Elle les lançait dans les grottes où se cachaient les autochtones civils et combattant, ou encore, elle larguait des bombes au napalm par des avions.

D'autres généraux et commandants de l'armée française de l'époque avaient dit et fait d'ignobles choses, par exemple le général **Montignac** et sa déclaration suivante :

« Toutes les populations qui n'acceptent pas nos conditions doivent être rasées. Tout doit être pris, saccagé, sans distinction d'âge ni de sexe : l'herbe ne doit plus pousser où l'armée française a mis le pied, voilà comment il faut faire la guerre aux Arabes : tuer tous les hommes jusqu'à l'âge de quinze ans, prendre toutes les femmes et les enfants, en charger les bâtiments, les envoyer aux îles Marquises ou ailleurs. En un mot, anéantir tout ce qui ne rampera pas à nos pieds comme des chiens ».

Ou Ernest RENAN qui déclarait en 1871 :

« La conquête d'un pays de race inférieure, par une race supérieure, qui s'y établit pour le gouverner, n'a rien de choquant…

La nature a fait une race d'ouvriers ; c'est la race chinoise, d'une dextérité de main merveilleuse, sans presque aucun sentiment de l'honneur… ; une race de travailleurs de la terre, c'est le nègre… Une race de maîtres et de soldats, c'est la race européenne. »

Ou encore le général Lamoricière, qui, en 1843 illustrait parfaitement l'idéologie de la spoliation en déclarant : « la soumission des Arabes à notre autorité ne constitue qu'une phase transitoire nécessaire entre la guerre d'occupation et la véritable conquête…, la seule chose pour affermir nos pas en Algérie, c'est de peupler ce pays par des colons chrétiens s'adonnant à l'agriculture… Pour cela, il faut tout mettre en œuvre pour attirer un grand nombre de colons en Algérie, les incitant à s'y installer en leur attribuant des terres dès leur arrivée. » *C'est ce que disait aussi ce général :* « La meilleure chose à faire était de déposséder les tribus… pour mettre les Européens à leur place.

L'esprit des citations de ces généraux français qui ont mené la colonisation de l'Algérie à ces débuts est resté comme une matrice de base pour les colons.

Les Français d'Algérie, habitués à un bien-être dans leur paradis ensoleillé, se trouvent subitement confrontés à reconstruire une autre vie dans un milieu hostile qu'ils croyaient avenant, soit à la limite excusable par dépit. Ce sont surtout les partis politiques qui utilisent et abusent de ce passé colonial de l'Algérie comme d'un kaléidoscope aux combinaisons infinies, dans le but de favoriser leurs sondages et de gagner en crédibilité politique.

En matière d'exploitation mémorielle de la colonisation par l'État algérien ou celui de la France, force est de constater que c'est précisément en France que ce thème est évoqué et exploité à outrance et pour cause :

Contrairement aux Allemands, qui ont reconnu leurs atrocités contre les Français et les Namibiens, les Belges contre les Congolais, les Italiens contre les Libyens, les Néerlandais contre l'Indonésie et les Espagnols contre l'Amérique latine, ces pays ont compris depuis fort longtemps que les excuses pour les méfaits liés à la colonisation jouent un rôle d'apaisement dans les relations entre les pays jadis en conflit. Elles contribuent à apaiser les tensions historiques, à renforcer la confiance et à ouvrir la voie à des partenariats fructueux, solides et durables.

Les Français, c'est un peu comme l'adage des enfants : « C'est celui qui le dit qui l'est ». Autrement dit, en France, la colonisation de l'Algérie est un fardeau mémoriel pour une large tranche de la population, qui ignore ou qui est induite en erreur par un narratif politique entretenu subtilement par le déni de l'histoire algérienne, car l'enjeu politique est de taille. La seule évocation du nom « Algérie » constitue un jackpot politique, car elle touche par moins de 25 % de la population française.

Les gouvernants doivent comprendre que, à force d'inoculer éternellement le virus mémoriel dans les relations franco-algériennes, cela n'est pas dans l'intérêt des deux États, encore moins de leurs populations respectives, qui aspirent seulement à vivre en paix sous la bannière d'une république plurielle.

L'exploitation de l'histoire mémorielle de l'Algérie, qui est et demeure le pain béni d'une extrême droite qui s'est d'ailleurs construite sur ce récit, d'une droite qui oscille dans ses positions en fonction de ses intérêts politiques du moment, ainsi que par des Algériens qui se considèrent et souhaitent rester un symbole de la libération des peuples colonisés, doit cesser. Ces derniers devraient plutôt s'orienter vers un règlement juste, compte tenu du fait qu'ils n'exigent pas d'indemnisation ni de poursuites, mais seulement une reconnaissance du drame de la colonisation, afin qu'ils puissent enfin faire leur deuil de cette période difficile.

(a) *Le slogan « La valise ou le cercueil » a été créé en 1945 par les militants algériens en ré-*

ponse aux sanglantes répressions de la colonisation française dans les villes de Sétif, Guelma et Kérrata au mois de mai 1945 qui entrainèrent plus de 45.000 Algériens tués. Certains historiens s'accordent à dire que ce slogan a été repris par l'OAS pour accélérer le départ des Français d'Algérie afin qu'ils ne contribuassent pas à la création d'un nouvel État d'une Algérie indépendante.

(b) Contrairement à la thèse voulant que les pieds-noirs aient quitté l'Algérie par crainte d'épuration ethnique, les accords d'Évian franco-algériens du 19 mars 1962 contenaient des garanties. Elles assuraient la sécurité des personnes et de leurs biens, la protection des libertés des personnes d'origine européenne, mais aussi des Algériens qui avaient reçu ce statut de Français, et d'autre part des personnes qui conservaient la nationalité française, tout en résidant en Algérie).

Par ailleurs, l'organisation du FLN/ALN avait diffusé, juste après les accords d'Évian du 19/03/1962, un tract qui stipulait clairement aux Français d'Algérie :

> 1- L'indépendance de l'Algérie : Le tract affirmé que l'Algérie était désormais un pays indépendant, après des années de

lutte. Il invitait les Français d'Algérie à accepter cette réalité et à comprendre qu'une nouvelle ère s'ouvrait, marquée par l'indépendance et la souveraineté algériennes.

2- *La fin des hostilités : Le texte mettait en avant la fin des combats, suite à l'accord du cessez-le-feu signé le 19 mars 1962. Le FLN y appelait à la paix et au respect des accords signés, tout en soulignant que l'Algérie devait désormais se reconstruire dans une atmosphère d'entente mutuelle.*

3- *Appel à la réconciliation : Le tract cherchait à apaiser les tensions en appelant à une réconciliation entre les communautés, malgré les souffrances et les divisions du passé. Il incitait les Français d'Algérie à rester dans le pays et à participer à la construction d'une Algérie nouvelle.*

4- *La protection des droits des Français d'Algérie : Bien que l'Algérie fût indépendante, le tract insistait sur le fait que les Français d'Algérie avaient des droits qui seraient respectés, sous certaines conditions. Le FLN encoura-*

geait les Français d'Algérie qui souhaitaient rester à trouver un moyen de coexister avec les Algériens dans un cadre d'égalité et de respect mutuel.

5- Le droit au départ : Tout en appelant à la réconciliation, le tract reconnaissait également le droit pour ceux qui le souhaitaient de quitter le pays et de se rendre en France. Toutefois, il soulignait que les départs devaient se faire de manière organisée et non violente.

6- Ce tract était destiné à apaiser les craintes des Français d'Algérie et les inviter à rester pour construire ensemble une Algérie plurielle et pacifique.

(c) Lorsqu'il a accédé à la présidence en 1999, au nom de la sacro-sainte liberté économique, Abdelaziz Bouteflika s'était déjà, et bien avant d'être malade, entouré d'une caste de rapaces économiques qui ont appauvri les Algériens au profit des gouvernants civils et militaires, ainsi que des hommes d'affaires civils. Ils étaient pour la plupart regroupés dans la Confédération du patronat algérien, créée pour l'occasion en octobre 2000. Il s'agissait d'un *panier de personnes corrompues, principalement des entreprises et des responsables politiques français, en métropole, mais aussi au sein des consulats et des ambassades de France en Algérie. Des entreprises, des ministres et de hauts fonctionnaires algériens favorisaient des contrats économiques substantiels en faveur des entreprises françaises, assortis le plus souvent de surfacturation. La différence financière était rétrocédée sur des comptes bancaires français ou en offshore, en faveur des corrompus. Hormis l'ex-directeur général de la société algérienne des hydrocarbures, condamné pour détournements et abus de biens sociaux) qui agissait aux profits des Américains, les autres dirigeants corrompus agissaient majoritairement pour le compte des Français qui le leur rendait bien. En effet, après des condamnations en justice de ces malfrats en cols blancs, malgré des mandats d'arrêt internationaux, émis conformément au droit international par l'Algérie, la France s'oppose toujours à restituer les biens mal acquis ni à remettre à la justice al-*

gérienne ces délinquants économiques. Les derniers en date sont l'ex-ministre de l'Industrie, condamné à plusieurs reprises et que la justice française refuse d'extrader sous prétexte qu'il est âgé et malade, ainsi que le fils d'un ancien PDG de la compagnie pétrolière algérienne (condamné pour corruption et, contrairement à la France, extradé par la Suisse vers l'Algérie). Ce dernier jouit des fonds détournés par son père et mène une vie princière en France. Autre connivence, la confédération du patronat algérien, l'équivalent du MEDEF en France, est soupçonnée d'avoir financé des compagnes présidentielles durant tout le règne du président Bouteflika.

(d) Outre les indemnisations pécuniaires que les négociateurs du gouvernement provisoire du gouvernement algérien n'avaient pas judicieusement prévues dans les accords d'Évian de 1962, leurs pairs leur reprochaient également d'avoir concédé à la France des avantages d'autonomie et de souveraineté, dont :

©Copyright (2025) Med Kamel YAHIAOUI, droits de l'auteur protégés

La concession de l'exploitation des réserves du pétrole et du gaz dans le Sahara algérien moyennant des royalties d'à peine 12% de la valeur exportée.

L'autorisation de poursuivre les essais nucléaires à Reganne dans le Sahara algérien sans penser aux catastrophes humaines et environnementales que cela engendrerait dans la région.

Autoriser le maintien d'une présence militaire française à Mers El Kébir après l'indépendance de l'Algérie.

Et surtout d'accepter que la France décrète l'amnistie générale des militaires et des membres de l'OAS pour ne pas être poursuivis pour les crimes commis pendant la guerre d'Algérie.

Ces différends entre leaders politiques et militaires algériens étaient à l'origine de la mise en place d'un premier gouvernement à l'indépendance, sans un consensus de toutes les parties. Certains historiens pensent que l'absence de ce consensus initial et les divergences quant au choix du régime à instaurer furent à l'origine également du coup d'État qui a renversé en 1965 ce premier gouvernement ainsi que les règlements de compte entre responsables politiques.

e) Les pionniers qui défrichèrent les terres algériennes :

Au cours des premières décennies de l'occupation et au fur et à mesure des peuplements, les Algériens ont été dépossédés de 1.200.000 hectares de terres cultivables et attribuées aux colons gratuitement ou à de vils prix pour les terres du domaine public.

Les colons, arrivés au plus en couple ou avec un ou deux enfants, ne pouvaient pas défricher les terres seuls, comme ils l'ont prétendu. Il en fallait beaucoup plus de mains pour labourer les immenses terrains spoliés, sachant que, à cette époque, les engins agricoles mécanisés n'existaient pas encore. Ce sont les propriétaires, leurs enfants et leurs ouvriers agricoles ou métayers qui ont travaillé la terre pour le compte des colons.

1) Les infrastructures de transports

À l'époque de la colonisation, il n'y avait que des chemins pour les charrettes et des sentiers pour la communication, y compris en France métropolitaine. Les chemins goudronnés n'ont vu le jour qu'avec l'avènement de l'automobile en 1902, anticipant de peu l'arrivée du chemin de fer.

Ces infrastructures de bases, construites tardivement dans l'Algérie colonisée, cruciales pour l'économie coloniale, reliées principalement les villes, villages et fermes des citoyens européens, les autres régions demeurèrent sous-développées, les autochtones continuant à se déplacer par leurs traditionnels moyens.

Les lignes ferroviaires, les réseaux électriques et les ponts sont devenus pour partie inexploitables, car détruits par les maquisards algériens pendant la guerre

D'autres n'étaient plus en état de bon fonctionnement, devenues obsolètes

©Copyright (2025) Med Kamel YAHIAOUI, droits de l'auteur protégés

ou même irréparables ; elles furent progressivement remplacées par de nouvelles installations plus coûteuses.

On comptait environ 40.000 kilomètres de routes nationales, départementales et communales goudronnées et environ 4000 kilomètres de chemins de fer, dont la moitié a été mise hors services par les actes de destructions pendant la guerre de libération.

Aujourd'hui, l'Algérie compte 120 000 kilomètres de réseaux routiers modernes, dont l'autoroute est-ouest (frontières Maroc-Tunis) qui fait 1200 kilomètres, et l'autoroute nord-sud, longue de 2000 kilomètres, reliant Alger à Tamanrasset et un tronçon en cours de construction qui doit traverser le Niger jusqu'au Lagos au Nigéria, et ce en collaboration avec ces deux pays voisins.

Le réseau ferroviaire compte 8300 kilomètres de lignes classiques et grandes vitesses reliant l'est-ouest et le nord-sud, dont la ligne minière Bechar-Tindouf-Gara Djebilet sur une distance de 800 kilomètres, des lignes de tramways dans les villes et un métro dans la capitale **Alger**.

2) Les habitations :

> *Après la colonisation, les logements étaient réservés quasi exclusivement aux Européens. Les autochtones appauvris, dépossédés et sévèrement imposés, habitaient pour la plupart dans les précaires habitations des douars, sorte de village d'habitats en hutte (gourbis) dans les campagnes ou dans la périphérie des villages et villes européens. Les plus chanceux d'entre eux habitaient dans des maisons généralement situées dans les grandes villes, des maisons dites arabes, un bloc de pièces individuelles, entourés d'une cour, d'une entrée, d'une fontaine et d'un cabinet de toilette à usage collectif.*

> *À l'indépendance en 1962, les logements européens (bâtiments, villas et fermes) étaient estimés à environ 220.000 logements (3 à 5 membres par foyer) pour un total d'environ un million d'Européens.*

La plupart de ces habitats sont anciens, à l'exception de ceux construits récemment dans le cadre du plan de Constantine en 1958. Ils ont subi, avec le temps, des dégradations naturelles, d'autres édifices le furent volontairement par l'organisation de l'OAS à la fin de la guerre d'Algérie, surtout dans les grandes villes.

Il reste tout de même quelques belles constructions de style haussmannien dans les grandes villes, qui côtoient celles de style mauresque ou ottoman qui existaient avant la colonisation française.

Aujourd'hui, l'Algérie indépendante, étant donné l'accroissement de la population, compte par moins de 4.000.000 de logements sociaux ou en accession à la propriété, construits par l'État ou en cours de construction, y compris les habitations privées construites à la demande de particuliers par des promoteurs privés et publics

©Copyright (2025) Med Kamel YAHIAOUI, droits de l'auteur protégés

3) L'infrastructure hospitalière :

On comptait initialement 22 hôpitaux, dont 15 dans l'Algérois, 5 dans l'Oranais et 2 dans le Constantinois, leur nombre avait augmenté selon l'accroissement de la population européenne jusqu'à atteindre une cinquantaine d'hôpitaux. Ces hôpitaux étaient principalement destinés aux Européens, tandis que les populations autochtones continuaient à pratiquer la médecine ancestrale par les plantes. Ils avaient accès à des infirmeries indigènes mises à leur disposition exclusive, souvent sous-équipées et sans médecins permanents. Ces infirmeries indigènes furent renforcées par l'affection de médecins et infirmiers militaires sur place ou itinérants pendant la guerre d'Algérie, conséquence, *à l'indépendance en 1962, 88% des autochtones devaient être pris en charge pour des maladies.*

Aujourd'hui, l'Algérie compte 134 hôpitaux publics, 16 Centres Hospitaliers Universitaires, qui jouent un rôle clé dans la formation médicale et la recherche, 342 hôpitaux privés, 359 cliniques d'hospitalisation de jour ainsi que de nombreuses structures de santé de proximité.

4) Enseignement et écoles, collèges, lycées et universités :

> Quelques chiffres d'abord en matière de scolarisation : en 1890, 60 ans après la colonisation, seuls 2% des enfants autochtones ont été scolarisés contre 84% d'enfants européens ; en 1944, moins de 10% des enfants autochtones étaient scolarisés avec un semblant de progrès après le début de la guerre d'indépendance, mais restent très nettement inférieurs à celui des Européens.
>
> Avant la colonisation, les Algériens possédaient un système d'éducation principalement dispensé par des structures religieuses depuis des siècles. La base élémentaire était d'apprendre à lire et écrire en arabe, en utilisant des textes religieux comme base.
>
> En seconde phase, les élèves apprenaient à mémoriser le Coran avec une attention particulière à la récitation correcte.

En enseignement subsidiaire, les élèves continuaient leurs études pour apprendre les principes de l'islam, la jurisprudence islamique et les traditions prophétiques, s'initier aux bases mathématiques de calculs pour les besoins pratiques et, à un niveau plus élaboré, ils étaient initiés à la poésie et à la littérature arabe classique.

Le livre intitulé « Le Miroir » écrit en 1833 par l'Algérien Hamdane KODJA*, soit à peine 3 ans après la colonisation française, précisait que 80% de la population de l'époque savait lire et écrire, un enseignement à la fois linguistique et religieux était dispensé.

D'autres sources de René Vautier, cinéaste, disaient en citant Claude Antoine Rozet « En 1833, presque tous les hommes en Algérie savaient lire et compter alors qu'en France, 40% de la population est analphabète. Les soldats qui débarquent sont moins instruits que les « sauvages » qu'ils prétendent venir civiliser »

Ces données concernant l'éducation des Algériens avant la colonisation ont été également corroborées par Claude

Antoine ROZET dans son œuvre à propos de son voyage à Alger en 1833

*Hamdane Khodja était un notable et intellectuel algérien, né à Alger (1773-1842) à la fois philosophe, théologien et scientifique, il maitrisait plusieurs langues, dont l'anglais, le français et le turc. Il a écrit cet ouvrage considéré comme une des premières œuvres critiques sur la colonisation française.

Pendant la colonisation : le système éducatif était encore marqué par des inégalités importantes. Estimation du nombre d'établissements scolaires à l'indépendance en 1962 : 3 000 écoles primaires environ étaient en activité, mais elles étaient majoritairement destinées aux enfants européens. Les collèges (CEM) étaient peu nombreux et principalement situés dans les grandes villes, comme Alger, Oran et Constantine. Ils accueillaient surtout des élèves européens.

Les lycées étaient encore plus rares, avec seulement quelques dizaines dans tout le pays, concentré dans les zones urbaines et réservées en grande partie aux Européens.

©Copyright (2025) Med Kamel YAHIAOUI, droits de l'auteur protégés

Dans l'Algérie Actuelle :

L'Algérie compte un total de 29 415 établissements scolaires, dont ceux nouvellement ajoutés en 2024, à savoir : 354 écoles primaires, 162 CEM, 88 lycées.

L'enseignement supérieur comprend :

54 universités

40 écoles supérieures

13 écoles normales supérieures

13 centres universitaires.

1 Université de la Formation continue

5) L'indemnisation des biens perdus en Algérie :

On laisse entendre que les Français d'Algérie ont perdu tous leurs biens laissés en Algérie, cependant, un processus d'indemnisation a été élaboré plus au moins équitablement entre les deux états, à savoir :

L'indemnisation des rapatriés par prélèvement sur les créances détenues par la France envers l'Algérie (prélèvement sur les fonds dus à l'Algérie par la France au titre des préjudices coloniaux).

Les Algériens ne reçoivent pas d'indemnisation financière propre, mais par compensation d'une coopération économique et financière de la France envers l'Algérie). Restent en suspens les dettes de la France envers l'Algérie pour les ressources pillées pendant la colonisation depuis 1830 (une évaluation récente des historiens estimait cette dette à environ 684 milliards d'Euros pour les ressources pillées et à 24 millions de pièces d'or (équivalent de 63 milliards €) **(1a)**, *une dette contractée envers l'Algérie pour des cargaisons de blé livrées par l'Algérie afin de soutenir la population française pendant une période de famine au 18ᵉ siècle.*

(Certains politologues expliquent que cette dette colossale de la France envers l'Algérie est en partie un obstacle à la reconnaissance de l'histoire mémorielle entre l'Algérie et la France).

Effectivement, des indemnisations sur la base de 58 % des préjudices globaux ont été versées aux rapatriés sur les créances détenues envers l'Algérie. Par ailleurs, avant leur départ d'Algérie, certains Français ont vendu leurs biens à des Algériens moyennant paiement en espèces et par simple acte sous seing privé précaire.

La France a mis également en œuvre des aides aux rapatriés d'Algérie sur ses fonds propres pour leur réinstallation en métropole, qui demeurent néanmoins insuffisantes malgré sa rediscussion au fil des années.

(1a) Composé principalement de pièces d'or, d'argent et d'autres objets de valeur, une partie de ce trésor a servi à couvrir les frais de la conquête. Toutefois, une part non négligeable aurait été détournée vers des familles influentes et des réseaux financiers privés ayant financé l'expédition, ainsi que des personnes faisant partie des cercles du pouvoir en France.

(F) L'Algérie, une création française

Ressasser l'Algérie comme une création française est l'un des affronts les plus contestables, quand on sait que tout un chacun peut aujourd'hui se documenter grâce aux immenses ressources de l'Internet, enrichies par les outils de l'intelligence artificielle, les archives et les innombrables ouvrages d'historiens crédibles qui relatent l'histoire de l'Algérie et son existence depuis des millénaires.

La réduction de l'histoire algérienne n'est pas fortuite, elle a servi intentionnellement à l'occulter pour de multiples raisons.

L'idée de « création » sous-entend que la France a pris possession d'un territoire désertique, inculte et inhabité, sans populations, et l'a peuplé d'Européens qui sont devenus Français. Ces pionniers, comme ils se désignent eux-mêmes, ont fondé l'Algérie, qui est devenue à cette occasion un département français, intégré à la France.

En voulant volontairement occulter l'histoire de l'existence même d'une Algérie antérieure, la France voulait, du même coup, se déculpabiliser, voire se déresponsabiliser de sa réelle colonisation et ses conséquences économiques et humaines.

©Copyright (2025) Med Kamel YAHIAOUI, droits de l'auteur protégés

L'intention première de la France était de renier l'existence de l'Algérie et son histoire millénaire. Elle voulait faire croire que le territoire algérien n'appartenait à personne, ou « terra nullius », un terme latin qui signifie « territoire sans propriétaire » ou « territoire inhabité ». Il fallait donc qu'il soit peuplé par des Français et autres citoyens européens de divers pays en leur attribuant la nationalité française et le statut de « Français d'Algérie », tout en reléguant la population autochtone à un statut précaire.

D'ailleurs, dans ce même contexte, lorsque les Algériens ont déclenché la guerre de libération pour l'indépendance de leur pays (1954-1962), la France qualifiait sciemment cette guerre comme « Les évènements d'Algérie », laissant ainsi entendre qu'il s'agit d'une simple insurrection d'une partie de la population dans les départements français, que la république se devait d'envoyer des renforts militaires pour « rétablir l'ordre ».

Sauf que sur le plan international, la guerre d'Algérie était perçue comme une guerre d'un peuple colonisé, aspirant à son indépendance. La pression internationale sur la France, considérée comme colonisatrice à l'époque, a valu à ses représentants diplomatiques de quitter

©Copyright (2025) Med Kamel YAHIAOUI, droits de l'auteur protégés

les bancs de l'assemblée générale de l'ONU, à la suite des rappels des États, dont les États-Unis, les pays asiatiques et arabes, demandant que la France négocie avec les indépendantistes algériens une décolonisation rapide mettant fin à la guerre algéro-française.

C'est seulement 45 ans plus tard que la France a officiellement reconnu la guerre d'Algérie en tant que guerre en 1999, en adoptant une loi à l'Assemblée nationale le 10 juin de cette même année.

Il fallait attendre l'année 2001 pour que l'histoire de la France en Algérie soit enseignée dans les écoles, en partie tronquée à l'image du narratif colonialiste.

En réalité, le seul qualificatif de création française qu'on pourrait admettre est que la France a renommé Alger (qui existait déjà depuis l'an 960 après J.-C.) « l'ALGÉRIE », en y ajoutant « IE » à « ALGER » comme elle l'avait déjà fait avec la FRANCE, en y ajoutant un « E » à « FRANC ».

©Copyright (2025) Med Kamel YAHIAOUI, droits de l'auteur protégés

Commençons en premier par la colonisation française de l'Algérie, puisque c'est par elle que l'histoire de l'Algérie a été tronquée :

Le coup de l'éventail par le Dey d'Alger en 1 827 contre le consul de France fut le premier prétexte d'incident diplomatique, à ce niveau déjà, on constate l'existence d'un état algérien. Le dey d'Alger réclamait simplement à la France le paiement de sa dette consécutive à la livraison de blé algérien pour les troupes de Napoléon entre 1 798 et 1 799. En fait, la raison première des Français était non seulement de ne pas payer leur dette, mais de pouvoir s'approprier les riches trésors du dey d'Alger. Le second prétexte était celui des corsaires algériens de la baie d'Alger qui écumaient la Méditerranée en délestant les navires et capturant des otages chrétiens alors que le Dey d'Alger avait renoncé depuis 1 818 à ces pratiques à la suite des bombardements de la flotte britannique en 1 816.

En vérité, ces deux prétextes seront infirmés par la volonté antérieure de la France de susciter un casus belli et ainsi conquérir l'Algérie ; en effet, déjà en 1808, soit presque deux décennies plus tôt, Napoléon avait envoyé un espion du nom de BOUTIN qui, après avoir cartographié les côtes algériennes, avait choisi Sidi-Ferruch pour le futur débarquement des armées françaises.

©Copyright (2025) Med Kamel YAHIAOUI, droits de l'auteur protégés

« Avant la colonisation française en 1830, l'Algérie existait déjà, selon la définition de l'époque *(1b)*

Elle était gouvernée dès 1235 par la dynastie berbère des ZIANIDES originaire de l'Atlas algérien des Aurès sous le règne du roi fondateur YAHGMORACEN IBN ZIANE. Puis les descendants de cette dynastie se sont alliés avec les autres sultanats berbères de Kabylie, de Hodna, du Mzab et de Constantine. Cette alliance a perduré jusqu'en 1554. Avant d'être sous la protection ottomane, cette dynastie qui a régné a été précédée par : la MONARCHIE CHAOUIA des Aurès (683-703), la dynastie ROSTEMIDE (776-909), la dynastie IFRINIDE (743-1066), la dynastie FATIMIDE (909-934), la dynastie ZIRIDE (934-1148) et la dynastie HAMADITE (1014-1152).Cesdites dynasties ont régné individuellement ou en partage du pouvoir avec les autres dynasties.

D'autres dynasties d'origine algérienne ont régné sur un plan davantage international, c'est le cas de la dynastie des Almohades de l'Ouest algérien (sur le Maghreb et Andalousie), la dynastie Fatimide de Bejaia, Kabylie (sur le Maghreb et l'Égypte) et partiellement les dynasties Mérinide et leurs cousins Wattasside

©Copyright (2025) Med Kamel YAHIAOUI, droits de l'auteur protégés

de Biskra et Aurès (sur le Maroc actuel).

(1b) La notion d'État, comme nous l'entendons aujourd'hui, n'existe qu'à partir du 19e siècle. De la Gaule d'hier à la dénomination d'aujourd'hui, avant la Révolution française de 1789, la France était stratifiée en de multiples royaumes et duchés avec des origines de populations diverses pour la plupart des Celtes, Germains, Normands, Huns, etc. L'Algérie, à la différence de la France, bien que gouvernée sous le même prisme de dynasties et duchés sous d'autres dénominations, était une population plus homogène d'origine exclusivement berbère depuis des millénaires.

En remontant à l'Antiquité, l'Algérie que l'on nommait à cette époque la NUMIDIE, la région était scindée en confédérations regroupant plusieurs tribus ou sous-tribus. Chacune de ces confédérations était dirigée par un chef, assisté de chefs de guerre aguerris pour la défense de la communauté, le maintien de l'ordre et la justice. Les assemblées d'élus choisis parmi les hommes les plus âgés géraient les aspects sociaux et l'arbitrage des conflits entre ses membres.

En l'an 204 avant J.-C., le roi berbère **MASSINISSA**, ayant succédé à son père, le roi

GAIA, a eu l'ingénieuse idée d'unifier toutes les tribus berbères et de créer un véritable royaume numide, qui s'étendait sur une partie de la Tunisie, l'actuelle Algérie, jusqu'au fleuve de la Moulouya au Maroc, et au-delà. Telle était l'illustration majeure de ce royaume, bien que les ancêtres berbères aient déjà formé de puissants royaumes, allant jusqu'à annexer des territoires aux puissants pharaons d'Égypte en l'an 950 av. J.-C.

En 1510, les Espagnols attaquent la ville d'Alger et échouent à l'occuper, cependant, ils construisirent sur un îlot face à la ville d'Alger, le Perron d'Alger pour leurs futurs assauts. C'est alors que le roi Zianide Abou Abdallah Mohamed, résidant à Alger, demanda le soutien militaire des ottomans qui constituaient la première puissance du vieux monde de l'époque, pour contrecarrer les attaques des Espagnols et, plus tard, celles des Européens. Le corsaire turc Barberousse débarque à Alger, suivis de 2 000 janissaires munis d'artilleries et 4 000 volontaires turcs aguerris que lui envoie à sa demande le sultan Sélim 1$^{er.}$ Il chasse les Espagnols du perron d'Alger et part au combat pour chasser les Espagnols des principaux forts qu'ils avaient construits sur le littoral algérien (Oran, Mers-el-Kébir, Mostaganem, Bougie et

©Copyright (2025) Med Kamel YAHIAOUI, droits de l'auteur protégés

Annaba).

L'État algérien sera gouverné sur le modèle de l'administration ottomane, c'est-à-dire sous la forme d'une monarchie élective (le monarque est élu et non désigné, de façon héréditaire) incorporant le ralliement des tribus berbères indépendantes, à l'exception du royaume de Koukou, qui se ralliera plus tard, après des offensives de part et d'autre. L'apport du royaume de Kakou sera scellé en 1 560 quand le dey d'Alger épousa la fille du roi berbère de Kabylie. Se joindra également le sultanat de Touggourt, de la dynastie des Beni Djellab, de Laghouat, de Ouargla et Djanet dans le sud du Sahara algérien.

À la tête de l'état, un Dey (gouverneur de la régence siégeant à Alger, un Diwan, une sorte d'assemblée de notables et de militaires (janissaires et armée algérienne) qui le désigne et joue un rôle consultatif dans la gestion des affaires du pays et un Conseil des ministres sous l'autorité directe du Dey. Sous l'autorité du Dey, des beys (gouverneurs de province) sont désignés pour chacune des régions Constantine, beylik de l'Est, Oran beylik de l'ouest et Médéa, beylik de Titteri. Chaque bey gouvernait sa province, répartie en différents cantons à la tête desquels sont désignés des caïds chargés d'assurer l'ordre et la justice, de lever l'impôt sur ses administrés et de fournir des guerriers en cas de besoin.

La régence d'Alger sera militairement sous la protection de l'Empire ottoman, mais, tout en étant autonome jusqu'à 1830, avait néanmoins des obligations envers l'empire :

- Reconnaissance de l'autorité symbolique du sultan ottoman comme le calife des musulmans

- Fournir des troupes ou des ressources militaires à l'Empire ottoman en cas de besoin, notamment lors de conflits majeurs.
- Bien que la régence garde une grande partie de ses revenus, elle doit verser une partie de ses richesses à l'Empire ottoman.
- Dans son organisation régalienne, la régence doit garder les titres de nomination, comme celui de "Dey" ou « Bey », renforçant le lien symbolique avec l'Empire.
- Bien que la Régence ait conservé une grande partie de ses revenus, elle devait verser une partie de ses richesses à l'Empire ottoman.

©Copyright (2025) Med Kamel YAHIAOUI, droits de l'auteur protégés

Excepté ces obligations requises notamment à l'égard la Tunisie et la Lybie qui avaient demandé la protection de l'Empire ottoman, la Régence d'Alger jouissait d'une large indépendance dans ses affaires internes, notamment dans la gestion de la course maritime et des relations avec les puissances européennes.

Les Français citent souvent l'Empire ottoman comme colonisateur de l'Algérie. Or, cet empire, qui était une des puissances militaires de l'époque, se prévalait d'être le protecteur des musulmans. Ce dernier était intervenu pour sauver les musulmans et les juifs expulsés d'Espagne lors de la Reconquista de 1492. D'autres pays européens se sont alliés à l'Espagne pour poursuivre les attaques et occuper les pays du Maghreb. C'est alors que l'Algérie, mais aussi la Tunisie et la Lybie ont demandé la protection des ottomans pour contrer les attaques européennes.

Comme cité précédemment, il s'agissait d'une intervention de protection et non de colonisation, et encore moins d'une colonisation de peuplement semblable à celle de la France.

Après l'arrivée des corsaires, les frères Barberousse et leurs marins, le sultan Selim 1er envoya un contingent de 6 000 janissaires. Ces derniers, avec l'aide de l'armée berbère, réussirent à contrer les plans des Espagnols et de leurs alliés européens. Ils repoussèrent les attaques du perron d'Alger et récupérèrent les villes côtières occupées, telles qu'Oran, Mostaganem, Annaba, Bougie et Djijelli.

6.000 janissaires, 5 000 marins et koloughis issus de mariages mixtes avec des femmes algériennes. Ils sont loin, en nombre, d'être une colonisation comme celle de la France, qui comptait pas moins de 1 000 000 de Français d'Algérie.

L'Algérie, Accords et traités internationaux :

L'Algérie entretenait des relations avec plusieurs pays occidentaux, principalement dans le cadre de la guerre des courses, du commerce et de la diplomatie :

   a- États-Unis d'Amérique

Reconnaissance officielle des États-Unis en 1795 et traité de paix et d'amitié la même année

   b- La Suède et autres pays scandinaves

Traité de pays et accords commerciaux signés en 1729

   c- États italiens (Gênes, Toscane, Venise)

Différents traités dès le début de 1700

   d- Les Pays-Bas

Traités de paix, de sécurité et de commerces signés en 1662 et 1726

   e- Angleterre (Royaume uni après 1707)

Traités de sécurité et de commerce en 1682 et 1760

   f- Espagne

Trêves occasionnelles en temps de conflits et accord de paix et de commerce à partir du 16e siècle

   g- France

Plusieurs traités de paix et de commerce en 1619 et 1666.

- h- En pratique, l'Algérie jouissait d'une large autonomie, les institutions régaliennes et leurs dirigeants étaient élus et choisis localement. Les échanges avec l'Empire ottoman incluaient des tributs symboliques, des renforts militaires en cas de besoin et des relations commerciales, l'influence ottomane directe était limitée.
- i- Relations avec les autres régence de Tunisie et de Libye. L'Algérie entretenait des coopérations multiples, des relations commerciales ainsi des accords de défense face aux menaces européennes.
- j- Liens avec le monde musulman :

L'Algérie entretenait des liens culturels, religieux (pèlerinage à la Mecque) et les échanges savants avec les érudits des centres du Caire et de Damas.

Le pouvoir (des généraux) en Algérie :

Rappelons, universellement, les origines du pouvoir concédé aux militaires.

À l'indépendance en 1962, l'Algérie a opté pour un régime socialiste, un parti unique, celui du FLN, l'organe moteur de la révolution, et la primauté du militaire, c'est-à-dire ceux qui ont combattu pour l'indépendance afin de garantir les acquis de la révolution.

Si la plupart des leaders de la révolution étaient d'accord sur le choix socialiste et la primauté du militaire (K) pour accompagner et garantir les institutions de la république naissance, à tout le moins pour un temps, le choix d'un parti unique ne recueillait pas d'adhésion complète, car certains d'entre eux préconisaient davantage un multipartisme et de réelles institutions démocratiques.

Les dissensions politiques à propos de ce choix furent à l'origine d'une révolte armée déclenchée fin 1962, sous le commandement d'un des principaux leaders de la révolution, Hocine Ait Ahmed et le colonel de l'ALN Ouamrane. Un évènement impromptu vient prouver l'unité et la résilience du peuple algérien face au danger de la nation, c'était l'attaque irrédentiste en octobre de 1963,

menée par le Maroc aux frontières algéro-marocaines. Les combattants de la révolte interne ont aussitôt rejoint le terrain des combats contre le Maroc. Finalement, après la fin des hostilités frontalières en 1963, Hocine Ait Ahmed a ordonné la fin de la rébellion interne et a créé le FFS, un parti d'opposition toléré par le pouvoir et seulement légalisé après l'adoption d'une nouvelle constitution en février 1989, mettant fin au système de parti unique et ouvrant la voie au multipartisme.

En vérité, le socialisme et son corollaire, le parti unique, étaient en quelque sorte alignés avec les États qui ont le plus soutenu la guerre d'indépendance en termes d'armement, de financement et de soutien politique auprès des institutions internationales, ainsi que de formation des cadres pour l'après-indépendance.

Citons, parmi ces états : l'URSS, la Chine, l'Allemagne de l'Est, les États des pays de l'Est et l'Égypte. À l'indépendance, c'est ces mêmes pays qui ont contribué en économie, assistances techniques et sociales, en formations et à une politique dans les assises internationales pour assoir la crédibilité de la nouvelle République algérienne.

D'autres pays voisins ont été directement impliqués dans la révolution algérienne en soutenant

©Copyright (2025) Med Kamel YAHIAOUI, droits de l'auteur protégés

les combattants, leur accordant des bases arrière sur leurs territoires ou en accueillant les réfugiés algériens, c'était le cas de la Tunisie, le Maroc, la Lybie et le Mali, entre autres.

(K) La primauté du militaire dans les instances gouvernementales n'est pas une innovation spécifique du pouvoir algérien, c'est un choix prioritaire, leur engagement dans les combats pour l'indépendance à toujours forgé leur légitimité politique après les guerres. Aujourd'hui, tout le peuple algérien à un profond respect pour l'armée algérienne alors qu'il n'hésite pas à critiquer les autres instances du gouvernement.

Après la libération de la France en 1939-1945, de la IVe à la Ve République, pas moins de vingt résistants de rang supérieur ont été promus à la présidence de la République, à des ministères ou à d'autres fonctions régaliennes. On peut citer le général de Gaulle (1945-1946 et 1958-1969), Jacques Chaban-Delmas (1947-1976), François Mitterrand (1946-1948 et 1981-1995), Georges Bidault (1945-1954) et Michel Debré (1959-1962).

À part la France :

*C'était aussi le cas des Américains avec le président **Dwight D. Eisenhower.***

***De Bernard Montgomery (Royaume-Uni)** impliqué dans des rôles militaires au sein du gouvernement britannique après la guerre*

***Et Konrad Adenauer (Allemagne)**, bien qu'il n'ait pas été militaire, il a travaillé avec des figures militaires pour reconstruire l'Allemagne après la guerre.*

Ce discours sur le « pouvoir des généraux », qui contient peut-être une part de vérité pendant les deux ou trois premières décennies après l'indépendance, est toujours alimenté par certaines instances étatiques étrangères, ainsi que par une partie de la population algérienne.

Un des rares moments où le pouvoir fut réellement confié aux « généraux » est celui de la guerre civile contre les islamistes en Algérie dans les années 1990, durant laquelle ils furent investis de « pouvoirs spéciaux » pour combattre les terroristes. Ces pouvoirs spéciaux ont été annulés à la fin de la guerre civile, mais le qualificatif du « pouvoir des généraux » perdure depuis.

©Copyright (2025) Med Kamel YAHIAOUI, droits de l'auteur protégés

Un autre narratif récurrent, c'est de dire que les généraux qui gouvernent l'Algérie sont ceux qui ont fait la guerre pour l'indépendance qui s'est déroulée du 1er novembre 1954 jusqu'au 5 juillet 1962, effectivement c'était le cas, il y a des décennies en arrière, mais en l'an 2025, peut-on encore affirmer cette thèse ? Surement pas et pour cause : pour être enrôlé dans les rangs de la révolution en 1954, il fallait avoir en moyenne vingt ans, bien qu'il eut des exceptions à l'âge de quinze ou seize ans, la majorité était donc née au moins en 1934 ; en calculant l'âge des plus jeunes parmi eux, on s'aperçoit qu'ils auraient aujourd'hui 91 ans et plus. Penser que l'Algérie, 26e puissance militaire mondiale et 2e puissance armée africaine, soit composée de vieillards séniles et d'invalides infirmes contredit ce narratif persistant.

Ces instances cherchent délibérément à qualifier l'Algérie de « pays non démocratique » et, pire encore, de « régime totalitaire » ou « régime dictateur ». Elles semblent vouloir comparer les dirigeants algériens à ceux de l'Allemagne nazie sous Hitler, de l'Union soviétique sous Staline, de l'Italie sous Mussolini, de l'Espagne sous Franco et du Portugal sous Salazar.

L'Algérie n'a, à aucun moment, malgré les turbulences qu'elle a traversées et une démocratie

(L) fragilisée par le souci de l'adapter aux us et coutumes de la population, agi comme les dictatures européennes citées.

Bien que dans tous les pays, la prééminence du militaire eut été toujours présente dans les instances des états au motif de la sacro-sainte protection de la nation, l'exemple des USA, le chantre de la démocratie, la CIA et la NSA, si elles ne sont pas à proprement parler des militaires, jouent néanmoins ce rôle aussi bien à l'intérieur qu'à l'extérieur des États-Unis d'Amérique.

On a l'impression que, dans l'esprit de ses détracteurs, la vision de l'Algérie s'est arrêtée aux premières années de son indépendance, alors qu'ils savent parfaitement qu'elle a connu une transformation progressive, tant sur le plan politique, économique, social, structurel, éducatif, etc.

Seul reste invariable l'intangible dogme de souveraineté et de sécurité de l'État, l'ingérence dans les affaires des autres pays, la défense des peuples colonisés et son non-alignement, c'est-à-dire sa coopération avec tous les États dans le respect des intérêts mutuels. Ce dogme dérange certaines puissances occidentales, y compris la France.

©Copyright (2025) Med Kamel YAHIAOUI, droits de l'auteur protégés

(L). La démocratie que les Occidentaux voudraient voir s'implanter dans les autres États est assurément louable, mais elle est entachée de bien des controverses lorsqu'elle est appliquée sous sa forme occidentale. Bien que les institutions gouvernementales fonctionnent sans encombre, avec quelques ratés occasionnels, les pays doivent prendre en compte les us et coutumes de leur population, respecter les traditions sociales et religieuses. Par exemple, l'apostasie, l'homosexualité et la nudité féminine sont des comportements qui ne sont pas acceptés, pas seulement par l'État, mais aussi et surtout par la population.

L'opposition s'exerce dans le cadre du multipartisme, une quarantaine de partis de différentes tendances sont légalement autorisés, assurent leurs missions au sein des institutions politiques, organisent librement leur congrès, disposent de bureaux locaux dans la plupart des villes et villages du pays et organisent des manifestations publiques.

Les opposants déclarés ou informels sont généralement condamnés pour des faits avérés de dépassement des lignes rouges qui ne sont pas démocratiquement punissables comme dans l'Occident et ceci n'est pas une procédure propre à l'Algérie.

En prenant par exemple le cas de la France : les délits d'apologie du terrorisme (1c), un délit qui enfreint la liberté d'expression, la critique de la Shoah ou encore les mouvements de libération qui combattent pour leur indépendance, sont qualifiés systématiquement de « terroristes ».

Certains opposants algériens sont souvent considérés comme étant manipulés et financés par des ONG étrangères, comme Soros, Freedom House ou Open Society. Des organisations qui œuvrent pour la démocratie, mais qui sont suspectées de jouer le rôle déstabilisateur que pratiquait anciennement la CIA.

À tort ou à raison, l'Algérie les considère, s'ils reçoivent des financements de ces organismes ou propagent leurs idéologies, comme des proxys de l'occident.

Une autre catégorie d'opposants réside en France. On observe qu'une partie d'entre eux ont été exfiltrés ou ont bénéficié de facilités pour s'installer en France et y rester. Cependant, il y a un prérequis pour eux :

©Copyright (2025) Med Kamel YAHIAOUI, droits de l'auteur protégés

maintenir et propager le narratif construit par la France à l'égard du gouvernant algérien qu'ils désignent péjorativement sous les noms de « pouvoir dictatorial », « pouvoir militaire » et « les généraux d'Algérie », sempiternels noms avec lesquels les politiciens français qualifient l'Algérie depuis des décennies. D'autres se distinguent par des diatribes islamophobes sous la coupe d'autres obédiences. Plus graves encore sont les opposants qui, sous l'apparence de mouvements défendant la démocratie, les droits de la personne et la liberté d'expression, défendent en réalité des idéologies totalement contraires. C'est le cas, par exemple, des ex-radicaux islamistes du Front islamique du salut (FIS) et du Groupe islamique armé (GIA), auteurs de crimes pendant la guerre civile en Algérie. On peut penser à Mourad DHINA, Mohamed Larbi Zitout, Anwar HADDAM et Kamaledine KHERBANE, membres du mouvement RACHAD, fondé en 2007 par les deux premiers.

(1c) *Un exemple pour illustrer la différence du droit en matière de liberté d'expression entre l'Algérie et la France :*

Un célèbre islamologue, directeur de recherche au CNRS et écrivain, a récemment comparu devant le tribunal d'Aix-en-Provence pour « apologie du terrorisme ». Il est accusé d'avoir partagé sur la plateforme X (ex-Twitter) un message inspiré d'un article du New York Times sur les présumés viols et violences sexuelles perpétrés par le Hamas palestinien lors de l'attaque du 7 octobre 2023. Dans son message, il affirmait que « les combattants du Hamas étaient des combattants de la liberté et de la dignité ». Il dénonçait une tentative sioniste de diaboliser la résistance palestinienne qui, au demeurant, s'est avérée exacte après enquête. Il a écopé de 8 mois de prison avec sursis et 4.000 € d'amende.

Le 16 novembre 2024, un écrivain-polémiste algérien qui vient d'acquérir la nationalité française depuis à peine 6 mois, a été arrêté à son arrivée à l'aéroport d'Alger et différer devant le tribunal qui l'a condamné à une peine de 5 ans ferme pour le délit « d'atteinte à l'intégrité du territoire »

©Copyright (2025) Med Kamel YAHIAOUI, droits de l'auteur protégés

Dans les deux cas, le délit « d'apologie du terrorisme » en France et le délit « d'atteinte à l'intégrité territoriale » en Algérie sont des entraves au droit à la liberté d'expression, si on les considère ainsi. Cependant, le délit en France est considéré comme respectant la liberté d'expression, tandis que celui de l'Algérie est supposé l'enfreindre.

Diplomatie et géopolitique, les sourds conflits entre l'Algérie, la France :

Deux points de vue s'affrontent : celui de l'Algérie, qui souhaite devenir une nation souveraine, non alignée et indépendante sur le plan international, et celui de la France, qui veut imposer une sorte de priorité préférentielle envers l'ancienne colonie, s'arrogeant un droit de regard sur l'Algérie après son indépendance et instaurant une forme d'ingérence furtive dans les institutions algériennes (1a), comme elle l'a fait avec son « précarré » de l'Afrique francophone.

(1a) *Infiltration dans des instances militaires pendant et après la guerre d'Algérie par des DAF (déserteurs de l'armée française). Certains joueront un rôle trouble au sein du commandement militaire après l'indépendance, alors que d'autres deviendront des ministres ou des conseillers influents. Ils sont soupçonnés de maintenir des liens avec la France, surtout après la mort du président Boumédiene et l'arrivée au pouvoir du président Mitterand en 1981.*

> *La promotion « Lacoste » comprenait un éventail de jeunes Algériens, formés et éduqués dans le système scolaire français,*

©Copyright (2025) Med Kamel YAHIAOUI, droits de l'auteur protégés

parmi lesquels on trouvait des intellectuels, des hommes politiques et une brochette de professionnels. Ces élites, acquis au concept occidental, la France tentait de les promouvoir dans le nouvel État algérien. Certains ont réussi à occuper des postes significatifs de technocrates, de responsables dans les administrations publiques et des rôles d'intellectuels favorisant les intérêts de l'État français.

Aussi curieux que cela puisse paraître, la notion de « promotion Lacoste » a ressurgi principalement durant la dernière décennie, mais sous une autre forme plus pernicieuse, celle de fomenter des pseudos opposants au régime algérien (voir le chapitre « Les Chroniques conflictuelles », œuvre des services spéciaux rattachés à l'ambassade de France en Algérie.

Il semble que la France soit le seul pays à avoir envoyé en Algérie trois ambassadeurs, à savoir Christian Fouchet, Bernard Bajolet et Bernard Émié, qui sont également des chefs des services de renseignement français. Il est possible que Xavier Driancourt, dont les actions semblent correspondre à celles d'un agent de renseignements, fasse également partie de cette liste.

De manière générale, le peuple algérien est persuadé des agissements néfastes de la France contre l'Algérie à l'intérieur même des institutions de l'État qu'elle entretient par le truchement de ses proxys, qu'il nomme « Hizb França » c'est-à-dire « le parti de la France »

Ce sentiment s'est davantage accentué depuis les compagnes antialgériennes du ministre de l'Intérieur français Retailleau menées depuis juillet 2024, que la presse algérienne qualifie d'actions pour des fins électoralistes. La presse lui reproche de se substituer aux rôles du ministre des Affaires étrangères et du président de la République française. Bien que, diplomatiquement, les relations puissent se réévaluer pour atténuer les déconvenues du moment, la démarche hostile de Monsieur Retailleau reste figée dans l'esprit d'une grande majorité d'Algériens et particulièrement celle de la diaspora algérienne en France.

©Copyright (2025) Med Kamel YAHIAOUI, droits de l'auteur protégés

L'impact électoral des français d'Algérie dans la politique française :

- Pour la France, l'Algérie, son ancienne colonie, a un fort impact sur la politique intérieure française, car on estime à environ 25% de la population française qui ont un lien direct ou indirect avec l'Algérie, la colonisation et la récente guerre d'indépendance

  D'abord, les Français d'Algérie et leur descendance estimés à environ 4.000.000 d'âmes, dont la grande majorité est viscéralement hostile à l'Algérie. Cette communauté constitue l'essentiel des partis d'extrême droite et de la droite conservatrice, un vivier électoral non négligeable qui joue un rôle important dans la politique française avec l'Algérie.

  Ensuite, la communauté des harkis et leurs descendants estimés à environ 1.000.000 d'âmes, qui politiquement s'apparentent à celle des Français d'Algérie.

  Les enfants et petits-enfants des 1.500.000 soldats, appelés, engagés volontaires ou rappelés qui ont fait la guerre d'Algérie, dont la position à l'égard de l'Algérie est plutôt mitigée.

©Copyright (2025) Med Kamel YAHIAOUI, droits de l'auteur protégés

Une autre communauté discrète, mais qui impacte néanmoins la politique française à l'égard de l'Algérie, celle des Franco-Israéliens, dont la position de l'Algérie à l'égard d'Israël et son soutien inconditionnel aux Palestiniens les agacent au plus haut point.

À titre indicatif, une étude citée par l'auteur Paul Max Morin, dans son ouvrage « Les jeunes et la guerre d'Algérie », paru le 2 mars 2022, révèle que 39 % des jeunes Français âgés de 18 à 35 ans, dont les parents ou grands-parents ont vécu la colonisation et la guerre d'Algérie (des descendants de pieds-noirs, de harkis, d'appelés du contingent, de militaires, de juifs d'Algérie et d'immigrés algériens), s'interrogent encore aujourd'hui sur les histoires troubles franco-algériennes, emplies de récits et de silences assourdissants qu'on leur a imposés. Ils s'interrogent notamment sur les relations algéro-françaises jalonnées d'embellies et de tempêtes répétitives, conséquences de cette histoire mémorielle non assumée.

©Copyright (2025) Med Kamel YAHIAOUI, droits de l'auteur protégés

Les déconvenues dans les relations politiques entre l'Algérie et la France

Trois périodes distinctes ont façonné les rapports politiques entre la France et l'Algérie :

De 1965 à 1978 :

C'était l'ère du président Boumediene, fervent tiers mondialiste, anti-impérialiste et adepte du non-alignement. Il avait entrepris une politique d'industrialisation ambitieuse, pour réduire la dépendance aux entreprises étrangères et créer de l'emploi. Les entreprises françaises ont continué à jouer un rôle dans le développement industriel de l'Algérie, mais l'importance des importations des produits finis français restées importantes.

Une des principales déconvenues fut celle de la nationalisation des hydrocarbures de 1971, dont la France tirait le maximum de revenus financiers et d'approvisionnement en pétrole et gaz en rétrocédant un ridicule pourcentage aux Algériens sous forme de royalties à raison de 12%. Au préalable, un Institut algérien du pétrole (IAP) a été créé avec l'aide de l'URSS, qui a permis de former des ingénieurs et techniciens capables de prendre le relais des sociétés françaises dans l'exploitation des hydrocarbures.

©Copyright (2025) Med Kamel YAHIAOUI, droits de l'auteur protégés

De 1979 à 1999 :

Juste avant 1989, année à laquelle l'Algérie a opté pour une nouvelle constitution autorisant le multipartisme, les relations franco-algériennes étaient plutôt cordiales avec quelquefois des mésententes.

Lors des premières élections en 1991, sous la nouvelle réforme du multipartisme, des mouvements radicaux islamistes sont arrivés au premier tour en tête des élections. Le gouvernement algérien, craignant un changement radical de politique à vocation religieuse, avait annulé le deuxième tour des élections pour stopper la mainmise de cette mouvance radicale islamique dans les institutions de l'État. En réponse, les islamistes ont pris les armes en organisant deux mouvements terroristes, le Front islamique du Salut et le Groupe islamique armé. Ces groupes avaient été formés militairement en Afghanistan et idéologiquement en Arabie saoudite. Cela a entraîné une guerre civile de 1992 à 2001, qui a fait entre 150 000 et 200 000 morts parmi la population civile algérienne.

Face à ces circonstances, la première position de la France, sous la présidence de François Mitterrand, était de s'opposer à l'annulation des élections prônée par le gouvernement algérien, alors qu'à cette période, les mouvements islamistes commencèrent à s'infiltrer dans d'autres pays pour instaurer des Républiques islamiques.

La deuxième décision de la France était encore plus dangereuse que la précédente, c'était le boycott de la livraison d'armes à l'armée algérienne pour se défendre contre ces actions terroristes de grande envergure. Le boycott d'armes à l'initiative de la France a entrainé celui des autres pays occidentaux.

De 1999 à 2019 :

Sous la présidence de Bouteflika :

Pendant la présidence de Abdelaziz BOUTEFLIKA, l'économie algérienne a souffert d'un libéralisme entaché de corruptions, de passe-droits, de pots-de-vin et de favoritisme. C'est la France, en particulier, qui aurait le plus profité de ces largesses, issues de connivences entre des ministres, des hauts fonctionnaires, des membres du patronat algérien et des corrupteurs français. En contrepartie, la France protège toujours les biens immobiliers et financiers de ces biens mal acquis *(1d)* grâce aux rétro-commissions sur les importations surfacturées ou sur l'octroi de gré à gré plutôt que par appel d'offres, ainsi que les importants projets industriels et de services réalisés par les sociétés françaises en Algérie.

L'ère de la présidence Bouteflika privilégiait l'importation des produits finis pour les besoins du marché interne plutôt que l'investissement dans la création d'une production locale et des prestataires étrangers dans les secteurs industriels au lieu de favoriser la création d'usines et le transfert de technologie, ce qui était de tout temps, préconisé par l'Algérie.

Cette politique, perçue à la limite comme des procédés mafieux par les citoyens, s'est accentuée depuis l'invalidité du président Bouteflika suite à un AVC qui a entrainé son incapacité à gouverner depuis 2013 jusqu'à sa destitution en 2019. Le frère de Said Bouteflika, alors conseiller à la présidence, serait suspecté d'avoir constitué un véritable clan de corrupteurs et de corrompus. Ce clan inclut toutes les souches des institutions étatiques ainsi que le patronat du secteur privé.

(1d) Parmi les figures souvent citées dans les enquêtes sur les biens mal acquis en France par des dignitaires algériens, on retrouve :

Abdeslam Bouchouareb : ancien ministre de l'Industrie, il aurait acheté un appartement de 156 m² à Paris pour 1,18 million d'euros, aujourd'hui estimé à plus de 3 millions d'euros.

©Copyright (2025) Med Kamel YAHIAOUI, droits de l'auteur protégés

Abdelmalek Sellal : ancienne Première ministre, sa fille Rym Sellal aurait acquis un appartement aux Champs-Élysées pour 860 000 euros.

Amar Saâdani : Ex-président de l'Assemblée populaire nationale et ancien secrétaire général du FLN, il aurait acheté un appartement à Neuilly-sur-Seine.

Hamid Melzi : ancien PDG de la Société d'investissement hôtelier (SIH), il posséderait plusieurs biens immobiliers en France.

On peut ajouter à cette liste non exhaustive le fils d'un ancien PDG de la Société algérienne des hydrocarbures. Celui-ci a fait l'objet d'une demande d'extradition par l'Algérie (qui a été refusée par la France), tandis que son père a été extradé par les Émirats arabes unis en réponse à un mandat d'arrêt international émis par la justice algérienne pour corruption. Selon certaines sources, près d'un bien sur dix acquis en Île-de-France par un étranger entre 2010 et 2014 l'a été par un Algérien. L'Algérie a sollicité l'aide de la justice française pour enquêter sur 43 dossiers liés à des biens mal acquis. (Informations fournies par l'IA Copilot)

©Copyright (2025) Med Kamel YAHIAOUI, droits de l'auteur protégés

La justice algérienne a émis plusieurs demandes d'extradition concernant ces personnalités résidant en France, mais leur extradition a été refusée par la France, malgré la convention d'extradition entre la France et l'Algérie et l'obligation internationale d'exécuter les mandats d'arrêt internationaux. Vu d'Alger, il est évident que la France protège ceux qui ont agi dans son intérêt pendant des décennies, et, par le fait même, préserve les investissements de ses dirigeants corrompus en France. Les motifs des refus d'extradition sont souvent motivés par des raisons hypothétiques, comme le fait que l'individu ait obtenu la nationalité française, qui ne permet pas son extradition. Encore plus excentrique, le cas de Monsieur BOUCHOUAREB, ex-ministre de l'Industrie, condamné à 20 ans de prison pour des délits de corruption, de détournement de fonds publics, de position dominante et de favoritisme. Son âge avancé (72 ans) et sa maladie ont motivé le refus d'extradition.

Un exemple type de corruption qui a fait couler beaucoup d'encre à son époque était celui de la société Alstom qui a évité la faillite grâce à plusieurs marchés publics conclus pour la réalisation du métro *d'Alger et des projets de tramway à Oran et Constantine. Ces contrats de plusieurs centaines de millions d'euros ont permis à cette société de maintenir son activité malgré des difficultés financières et éviter la faillite.*

L'octroi de ses marchés a fait l'objet d'accusations de corruption impliquant les responsables de la société Alstom et des décisionnaires locaux. L'affaire a fait l'objet d'une enquête approfondie menée par les autorités judiciaires suisses et algériennes, révélant des transactions suspectes entre 1995 et 2003. Certains dirigeants d'Alstom ont été mis en cause pour avoir facilité ces pratiques.

De 2019 à 2025 :

Le soulèvement populaire massif connu sous le nom de « Hirak » en février 2019 constitue sans conteste l'un des mouvements les plus influents ayant transformé l'Algérie. Pendant plusieurs mois, des rassemblements pacifiques de citoyens algériens de tous âges et de tous genres se sont tenus. Elles comptaient jusqu'à treize millions de personnes et voulaient mettre fin à la domination économique du président Bouteflika et de sa clique corrompue, ainsi qu'à sa tentative de briguer un cinquième mandat, alors qu'il était gravement handicapé depuis son accident vasculaire cérébral en 2013. Malgré des traitements médicaux coûteux en Suisse et en France, son état s'est détérioré. Toutefois, son frère Said, qui conseillait la présidence, tentait de rassembler autour de lui ses multiples clans afin de forcer coûte que coûte l'élection de son frère. Il voulait ainsi préserver les intérêts colossaux dont lui et sa clique bénéficiaient.

La particularité de ce grand mouvement populaire est qu'il est unique par son importance, son organisation et ses objectifs, qui consistent à confédérer non seulement la population, mais également les autorités de l'ordre qui se côtoyaient dans un esprit convivial et fraternel. Ce n'est pas au rythme de la matraque, des jets d'eau ou des grenades lacrymogènes qu'on voit habituellement dans ce genre de manifestation.

La deuxième particularité de ce mouvement c'est qu'il a été spontané, inspiré par la société civile, non pas à l'initiative de partis ou de syndicats. Les revendications étaient saines et exemptes de politiques dogmatiques, tous les partis politiques et autres institutions qui ont tenté de se l'approprier ont été mis à l'écart.

Les revendications découlaient d'un constat évident de pillage de l'économie nationale, de corruption et de favoritisme envers certains clans au détriment du peuple, orchestré par le président Bouteflika et son entourage, surtout après qu'il a subi un accident vasculaire cérébral en 2013. L'indécence des dirigeants a été atteinte lorsque ces derniers ont tenté de proposer sa réélection pour un cinquième mandat et dans un état d'incapacité à gouverner.

La première mobilisation a été entreprise pour contrer sa candidature au cinquième mandat, puis, progressivement, le rejet du régime en place, la refonte d'un modèle de gouvernance et une réforme économique pour sortir de la dépendance des hydrocarbures.

L'une des premières conséquences aux souhaits de la population fut entreprise par l'armée en la personne de son colonel Gaid Salah :

Une immense compagne d'arrestations et d'emprisonnements des personnes issues de toutes les sphères de l'armée, des ministres, des hauts fonctionnaires de l'état et les dignitaires du patronat algériens.

Par conséquent, les individus corrompus et ceux qui les ont corrompus, ceux qui ont détourné les biens et les fonds publics, qui ont bénéficié de pots-de-vin, de passe-droits et de favoritisme, ont été jugés et emprisonnés. Leurs biens et leurs comptes bancaires à l'intérieur du pays ont été saisis. Des mandats d'arrêt internationaux ont été émis à l'encontre de ceux qui ont fui ou qui résident à l'étranger pour leur arrestation et la récupération de leurs biens et des fonds détournés au détriment de l'État algérien.

Après le désistement de la candidature présidentielle de Bouteflika, des élections ont eu lieu le 19 décembre 2019 pour désigner un nouveau président, gagné par Abdelmajid TEBOUNE, un Premier ministre du temps de Bouteflika en 2017, qui n'a occupé sa charge que pendant deux mois, puis destitué ensuite, car ses choix de gouvernance mettaient en péril le régime en place.

C'est cet ex-Premier ministre TEBOUNE qui fut élu sceptiquement à la présidence avec de modestes participations aussi bien à la première candidature qu'à la seconde, recueille aujourd'hui l'approbation et le soutien de l'ensemble de la population jusqu'à l'appeler affectueusement « 3ami Teboune » c'est-à-dire « oncle Teboune » une marque de respect dans les us du peuple algérien.

Ces réalisations timidement entreprises pendant son premier mandat l'ont été davantage à son second mandat, affirmant une ferme volonté de transformation et de modernisation du pays.

©Copyright (2025) Med Kamel YAHIAOUI, droits de l'auteur protégés

- Des réformes économiques ambitieuses : Un **PIB** passant de 164 milliards de dollars en 2015 à 260,1 milliards de dollars fin 2024 et un **PIB** par habitant le plus important du Maghreb atteignant 5130 dollars avec une projection prévisionnelle visant les 400 milliards de dollars d'ici 2026-2027.

- Un développement industriel et commercial qui encourage la production locale en réduisant les importations ; les premières réalisations ont permis des exportations hors hydrocarbures passant de 1,7 milliard à 7 milliards de dollars par an, avec une ambition d'atteindre 30 milliards de dollars d'ici fin 2030.

- L'Algérie, qui se classe première en Afrique en tant qu'exportateur de gaz naturel liquéfié (**GNL**) et qui répond à la demande croissante des pays européens, modernise son armée et son secteur énergétique. L'Armée nationale populaire (**ANP**) se classe à la 2e place en Afrique et à la 26e place mondialement.

- Un soutien social et un pouvoir d'achat sont offerts par des mesures visant à renforcer le pouvoir d'achat des citoyens, comme les allocations de chômage, l'augmentation des salaires et divers autres avantages sociaux, tels que l'habitation, les structures ferroviaires et autoroutières.

- L'investissement et l'innovation n'ont jamais été aussi prolifiques, les nouvelles réformes économiques ont permis la création de plus de 7 000 start-ups, l'amélioration du climat des affaires qui compte plus de 7 000 nouveaux projets d'investissement, dont certains assurent d'ores et déjà l'autosuffisance et des débuts d'exportation vers les marchés étrangers. On peut citer les usines de ciment et de ses dérivés, la production d'électricité, les usines de dessalement d'eau, les usines de l'industrie lourde, telles que les turbines à gaz, les équipements ferroviaires, les machines agricoles, les véhicules industriels, les bateaux de tourisme et de pêche, le redéploiement de l'usine d'El Hadjar (Annaba) et la création de Tosyali Algérie (Oran), qui produisent de l'acier et du fer à béton pour le marché local et l'exportation, Saïdal, qui fabrique des médicaments génériques et contribue à l'autosuffisance nationale, les usines de production de panneaux solaires et d'hydrogène vert, les usines agroalimentaires et surtout la mise en valeur du Sahara, qui devient un important pôle agricole pour la production de blé, des légumes et des fruits, des fermes d'élevage pour l'autosuffisance en lait et en viande.

L'Algérie a lancé plusieurs projets majeurs de son secteur minier :

- **Mine de Gara Djebilet (Tindouf), exploitation du plus grand gisement de fer du pays (plus de 3,5 milliards de tonnes), avec traitement sur place du minerai brut pour obtenir un produit fini. Les travaux devraient commencer en décembre 2025.**

- Blad El Hedba (Tebessa) : L'exploitation et la construction d'un complexe chimique sur place avec une liaison ferroviaire vers le port d'Annaba pour l'exportation des minerais.

- Le projet de mine de zinc et de plomb d'Oued Amizour (Bejaïa), dont la mise en service est prévue pour juillet 2026, permettra de produire annuellement 170 000 tonnes de zinc et 30 000 tonnes de plomb.

- Exploitation des terres rares : L'Algérie a commencé à explorer ses importantes réserves de lanthanides, de scandium et d'yttrium, essentiels aux technologies modernes.

L'industrie militaire n'est pas en reste, surtout qu'elle fut impérativement l'une des premières à émerger en production de l'armement et les engins militaires pour la défense nationale à commencer par les fusils, pistolets, grenades, roquettes et obus et cartouches de différents calibres, puis les véhicules blindés de combat, de transports de troupes et d'enginiring. L'Algérie se lance ensuite dans la production de haute technologie :

Industries aéronautiques et spatiales :

- AlSat-1 (2002) : Premier satellite algérien, conçu pour l'observation de la Terre.
- AlSat-2 (2010) : Satellite d'observation à haute résolution, utilisé pour la cartographie et la gestion des ressources naturelles.
- Alcomsat-1 (2017) : Premier satellite de télécommunications algérien, destiné à améliorer les services de communication et d'internet.
- AlSat-1B (2016) : Satellite d'observation terrestre, utilisé pour la surveillance environnementale et agricole.
- Firnas-142 : Un avion biplace utilisé pour l'entraînement des pilotes.

- Safir-43 : Un quadriplace destiné à la formation et à la surveillance aérienne.
- X-3A : Un avion monoplace conçu pour l'épandage agricole.
- Drones Aljazaïr 54 et 55, dont le fameux Aljazair 54 a été classé parmi les 10 meilleurs drones militaires au monde par le site américain *Army Technology*.
- Une usine en construction d'hélicoptères avec le constructeur italien Leonardo pour la production du modèle AW139.

L'Industrie marine :

- Des frégates et corvettes militaires de type 056 (F-15A) en partenariat avec la Chine. Ces navires sont équipés de radars multifonctions, de sonars avancés de missiles antinavires et de systèmes de défense rapprochée.
- Moteurs marins : L'Algérie a fabriqué son premier moteur marin avec un taux d'intégration nationale de 70 %, permettant de réduire la dépendance aux importations et de renforcer l'industrie locale.
- Des chantiers navals qui se concentrent sur la réparation et l'entretien des navires, avec des projets visant à développer une

flotte technique pour l'assistance et la lutte contre les incendies.

La diplomatie de la nouvelle Algérie :

L'Algérie reprend son rayonnement international après son isolement dû à la guerre civile des années 1991-2001. L'Algérie renforce sa position sur la scène internationale grâce à une politique étrangère active et à une diplomatie dynamique. Ses élections au Conseil de sécurité, son adhésion aux BRICS, le renforcement de ses relations avec ses partenaires traditionnels (Chine, Russie, Europe) ainsi que ses nouvelles alliances (États-Unis, Turquie, Inde, Corée du Sud, pays du Golfe, Indonésie) sont autant de preuves de ce rayonnement. L'Algérie a également fait un choix stratégique parmi les pays européens avec lesquels elle a renforcé ses relations économiques : l'Italie, l'Allemagne et l'Espagne sont en tête de ces relations, mais il y en a d'autres, dont les relations économiques étaient jusqu'alors timides.

La France n'a pas été mise volontairement à l'écart à l'exception de quelques impacts sur les échanges commerciaux où des projets d'investissements variant selon l'humeur politique du moment.

Depuis l'arrivée de Abdelmajid TEBOUNE au pouvoir en 2019, l'orientation économique et géopolitique de la nouvelle Algérie a bousculé

©Copyright (2025) Med Kamel YAHIAOUI, droits de l'auteur protégés

considérablement les traditionnelles relations franco-algériennes.

La France semble continuer de chercher à influencer, à interférer et à infiltrer les institutions de l'État algérien, en empiétant sur sa souveraineté, comme si elle avait du mal à se défaire du paradigme du pré carré africain qui, au demeurant, s'érode également.

D'ailleurs, plusieurs pays africains ont mis fin à leurs accords conclus à l'issue de leur indépendance, tels les accords militaires ou l'adhésion à l'organisation internationale de la Francophonie. Une dizaine de pays se sont retirés des deux accords ou d'un d'entre eux (Niger, Burkina Faso, Mali, Côte d'Ivoire, Gabon, Tchad, Sénégal et Djibouti).

Avant 2019, la longue gouvernance du président Bouteflika lui a été plutôt favorable. Il a pu obtenir des contrats de gré à gré, ce qui lui a permis de contourner les obligations des appels d'offres, d'importer des produits alimentaires et industriels, ainsi que d'obtenir des concessions pour l'exploitation des hydrocarbures, tout cela étant entaché de corruption et de paiement de commissions versées sur des comptes en France et à l'étranger.

©Copyright (2025) Med Kamel YAHIAOUI, droits de l'auteur protégés

L'arrivée au pouvoir du président TEBOUNE en Algérie a radicalement bouleversé les relations traditionnelles entre l'Algérie et la France, en réaffirmant les héritages idéologiques du pays, qui avaient été ignorés par ses prédécesseurs : le non-alignement pour éviter l'influence directe d'une puissance mondiale quelconque, la préservation de son indépendance et de sa souveraineté, la non-ingérence dans les affaires intérieures des autres pays, le choix du dialogue plutôt que de la guerre et enfin, la diversification de ses ressources économiques et financières.

Mais, entre la France et l'Algérie particulièrement, il existe malheureusement un passé colonial que l'un comme l'autre exploite et manipule au gré des circonstances.

L'Algérie a la particularité d'avoir été une colonie de peuplement, considéré comme un département français, étant donné l'ampleur des Européens que la France a autorisés à déferler pour occuper les territoires de l'Algérie dès les premières années de la colonisation et des suivantes. Même si une bonne partie d'entre eux n'était pas des Français d'origine, la France leur a accordé la nationalité française pour consolider l'identité d'une Algérie française.

Si le pouvoir algérien tente de focaliser l'union de la nation algérienne en se référant toujours à la résistance du peuple algérien depuis l'occupation française, et particulièrement à la guerre d'indépendance, qualifiée de glorieuse, il n'a pas besoin de le faire. En effet, le peuple algérien lui-même, de par ce qu'il a enduré depuis presque un siècle et demi de colonisation et surtout pendant la dernière guerre d'indépendance de 1954 à 1962, porte encore les stigmates de cette épopée, gravés dans son esprit et dans sa chair. Il est important de noter que le peuple algérien, ces antiques Numides, a été volontairement acculturé et que son histoire originelle a été effacée, pour qu'il n'ait aucun repaire à son histoire passée. Les enfants algériens ont appris qu'ils étaient « Gaulois » et non Numides, que VERCINGÉTORIX était leur ancêtre roi qui avait uni les tribus gauloises, mais pas MASSINISSA, leur vrai roi, qui unira les tribus algériennes avant lui.

En France, l'Algérie est devenue un terreau privilégié pour la politique intérieure, exploité par toutes les familles politiques. En effet, la communauté des Français d'Algérie et de leurs descendants, celle des harkis, des enfants et petits-enfants des appelés du contingent, des engagés volontaires ou des réservistes envoyés pendant la guerre d'Algérie dite « guerre de pacification », constitue un réservoir électoral important. Ce dernier peut faire ou défaire la réputation d'un parti politique pour accéder ou se maintenir au pouvoir.

Les thèmes de prédilection et les narratifs récurrents sont toujours adaptés et choisis parmi ceux qui plaisent le plus à l'électorat. L'histoire mémorielle que l'on taxe le gouvernement algérien d'en faire sa rente est inversement présentée comme un bienfait de la colonisation. Le gouvernement algérien est également taxé de réprimander la liberté d'expression* et d'être un régime militaire autoritaire.

*Dans son rapport de 2025, RSF (Reporters sans frontières) indique qu'un seul journaliste était emprisonné en Algérie. Source : https://rsf.org/fr/barometre?annee_start=2005&annee_end=2005#exaction-victimes

En plus de l'influence sur la politique intérieure manipulée par le gouvernement et les partis politiques en France, la croissance de l'Algérie, sa montée en puissance économique et géopolitique est remarquable. Ses capacités militaires de défense s'améliorent constamment en termes de personnel et de matériel, ce qui aux yeux de Paris, empiète sur son influence en Afrique.

De plus, l'Algérie se rapproche stratégiquement de la Russie, de la Chine et, plus récemment des États-Unis, de la Turquie. L'Algérie renoue préférentiellement ses activités économiques et

©Copyright (2025) Med Kamel YAHIAOUI, droits de l'auteur protégés

énergétiques avec l'Italie, l'Espagne et l'Allemagne au détriment de la France, ce qui la relègue à un rôle mineur. Cette situation suscite des réactions hostiles de la part de la France, telles que des pressions diplomatiques et médiatiques, une présentation trompeuse de la situation interne en Algérie, voire des tensions internes fomentées par ses relais locaux* ou via des réseaux farfelus qui se font passer pour des opposants au pouvoir algérien dans les émissions télévisées françaises ou sur les réseaux sociaux.

*La France est le seul pays qui a désigné en Algérie et à trois reprises des ambassadeurs, patrons des services d'espionnage (DGSI, DRS, DGSE).

©Copyright (2025) Med Kamel YAHIAOUI, droits de l'auteur protégés

Les chroniques des récents conflits :

Les dernières embrouilles, les raisons évoquées ne sont pas forcément vraies :

Les relations conflictuelles entre l'Algérie et la France sont comme une météo qui oscille entre le bon et mauvais temps. La seule constante est que les différences qui les suscitent sont toujours masquées par des considérations en référence à la sempiternelle histoire mémorielle de la colonisation, les mouvements des personnes entre les deux pays et le prétendu gouvernement autoritaire algérien, source à prétexte pour exercer des pressions de droit de l'homme et de liberté d'expression.

Le dernier conflit relationnel qui a dépassé en ampleur les précédents a commencé par la reconnaissance de la souveraineté du Maroc sur le Sahara occidental par la France en juillet 2024. Cela a été suivi de l'arrestation de l'écrivain franco-algérien Boualem Sansal le 16 novembre 2024 et de l'expulsion d'influenceurs algériens.

En vérité, le malaise franco-algérien tire ses racines depuis les cinq dernières années déjà, c'est-à-dire depuis l'arrivée du président Abdelmajid TEBOUNE en 2019, dont la gouvernance à changer radicalement de paradigme à l'égard des relations entretenues avec la France et pas que, par son prédécesseur Abdelaziz Bouteflika. Emmanuel MACRON a tenté de comprendre la nouvelle stratégie de l'Algérie actuelle, mais il s'est trouvé pris dans l'histoire mémorielle de la colonisation.

En voulant répondre aux principales demandes de l'Algérie, il s'est trouvé confronté à l'intransigeance de l'extrême droite et la droite conservatrice, dont le vivier électoral est précisément les rapatriés d'Algérie et leur descendance, les harkis, leurs fils et petit-fils et ceux dont les regrets de la perte de l'Algérie française perdurent. En alternant entre la reconnaissance des crimes coloniaux pour plaire aux Algériens puis, face à la réaction virulente des représentants politiques des rapatriés, il ressort la thèse des bienfaits de la colonisation. Ce retournement incohérent a davantage exaspéré les Algériens, qui ont mis en doute la crédibilité du président français. En réaction le Président TEBOUNE a repoussé à trois reprises la visite prévue en France. À la même période, il était reçu pour une visite d'État en Chine par le président Xi Jinping, en Russie par le président Poutine, en Italie par Georgia Méloni, présidente du conseil des ministres d'Italie, dans le Golfe persique par le prince du Sultanat d'Oman et par le président égyptien Sissi.

La stratégie de la nouvelle Algérie rompt radicalement avec le passé et la France se trouve confrontée à des défis qu'elle n'a pas anticipés :

Hormis les conflits mémoriaux liés à son passé colonial douloureux, vécus différemment des deux côtés de la Méditerranée, mais qui semblent immuables, l'Algérie a entrepris de diversifier ses relations économiques. Elle a mis sur pied une politique d'autosuffisance alimentaire par la production locale, elle a encouragé la diversification des investissements en partenariat avec des sociétés étrangères et nationales, avec transfert de technologies, tout en assouplissant les règles des 49 % et 59 % dans les autres secteurs que ceux considérés comme stratégiques.

Anciennement, la France privilégiait la vente de produits finis, rebutée par l'indépendance économique de l'Algérie qui imposait aux sociétés étrangères de ne détenir que 49% du capital des sociétés implantées sur son territoire, contrairement au Maroc qui n'imposait pas une telle restriction.

Parmi les secteurs affectés défavorablement par ce changement, les exportations suivantes :

- Le blé, le lait, la viande ou des animaux vivants, les fruits et légumes, entre autres. L'Algérie se dirige vers l'autosuffisance en exploitant 1 400 000 hectares de terres arides du Sahara grâce à l'irrigation goutte à goutte et à l'énergie renouvelable.

- La production de médicaments par des laboratoires publics ou des laboratoires étrangers en association avec des sociétés privées couvre 79 % des besoins locaux.

- La demande locale en équipements mécaniques et électriques est satisfaite par la production locale des usines algériennes, complétée par des importations diverses.

- La machinerie et les produits destinés au secteur du bâtiment, les ciments, les fers, le béton et d'autres produits sont produits localement. Le surplus de productions est exporté.

- L'exploitation du pétrole et du gaz conjointement avec la Société nationale - Total Énergie et Engie. L'arrivée des majors américaines Chevron et Exxon Mobil, de l'Italienne ENI et de la Russe Gazprom laisse présager que les sociétés françaises risquent d'être exclues à la fin des contrats actuels, si les conflits diplomatiques perdurent.

Les incohérences politiques conjuguées avec les incidences économiques et l'influence d'héritage de ce passé colonial qui tarde à être soldé ne sont pas étrangères aux conflits intensifs que nous connaissons ces derniers mois.

Du côté français, la situation s'est davantage aggravée à cause d'une cacophonie politique, les tenants du rôle diplomatique, soit le président de la République et son ministre des Affaires étrangères, étant relégués derrière un ministre de l'Intérieur dont les ambitions électorales sont, selon les politologues, de devenir président du parti Les républicains, puis, à terme, président de la République en 2027.

Côté Algérien, c'était là une occasion pour dire, de vive voix, les remontrances susurrées dans les divers cercles du pouvoir.

Ainsi, dans les pages suivantes, seront citées les chroniques tumultueuses pendant cette grave crise diplomatique qui incommode intensément les populations des deux pays, dont les politiciens ne font qu'envenimer des relations précairement apaisées.

©Copyright (2025) Med Kamel YAHIAOUI, droits de l'auteur protégés

ALGÉRIE - FRANCE, une guerre diplomatique aux allures de compagne électorale

Une abondance de critiques de toutes les sphères politiques s'enchaîne à propos de l'Algérie. Si les politiques et médias savent ce qu'ils distillent dans leurs déclarations et les avantages politiques qu'ils escomptent en tirer de cette compagne inédite, cela aurait été de bon aloi en compagne électorale; or, ce n'est précisément pas le cas.

Nous savons qu'entre les deux pays, eu égard au passé colonial douloureux, des frictions de part et d'autre n'ont cessé de se produire, pour de multiples raisons, depuis l'indépendance de l'Algérie, et ce, bien plus qu'avec les autres pays décolonisés. D'ailleurs, on relève souvent deux griefs récurrents. D'une part, la France reproche à l'Algérie d'exploiter, pour des raisons de politique intérieure, l'histoire mémorielle de la colonisation. De plus, l'Algérie critique la France pour avoir instrumentalisé l'algérophobie à des fins de politique intérieure, en cherchant à minimiser la sympathie envers l'extrême droite, qui compte une importante communauté de Français d'Algérie, de harkis et de leur descendance, ainsi que des familles touchées de près ou de loin par la guerre d'Algérie, telles les familles des 1,5 million de soldats qui ont participé à la guerre de l'Indépendance algérienne de 1954 à 1962.

Dans les sources de conflits principalement évoquées par la France contre l'Algérie, l'on trouve pêle-mêle l'histoire mémorielle de la colonisation, les accords d'Évian relatifs à la présence des Algériens sur le territoire Français, le problème des écrivains algériens et tout dernièrement le problématique cas des influenceurs algériens sur les réseaux sociaux.

À mon avis, de part et d'autre, cette « ratatouille » diplomatique cache des objectifs inavoués d'ordre économique, géostratégique et d'influence sur le Maghreb et le continent africain. La France, en perte de vitesse sur son empire colonial qu'elle perçoit toujours avec nostalgie, et une Algérie de plus en plus mature qui gagne subrepticement de l'influence dans nombre de pays qui était le précarré inviolable de la France.

©Copyright (2025) Med Kamel YAHIAOUI, droits de l'auteur protégés

Et le plus étrange, c'est que ce type de conflit, dans la majorité des cas, entre États, se règle discrètement par des ballets diplomatiques entre les belligérants.

Essayons de décortiquer les prétextes « parapluie » de la France, repris par l'ensemble des politiciens et médias, comme par consensus, contre l'Algérie et les répliques argumentaires de cette dernière :

 a- La reconnaissance de l'autonomie du Sahara occidental au Maroc :

Malgré les controverses qu'entretient le Maroc à l'égard de l'Algérie, la position de cette dernière sur le dossier du Sahara occidental n'est nullement équivoque, à savoir :

- L'Algérie se réfère aux résolutions de l'ONU qui prévoient l'autodétermination du peuple sahraoui ; en l'espèce, un droit légitimement reconnu par l'instance internationale légalement compétente.

- L'Algérie accueille sur son territoire les réfugiés sahraouis en vertu de la protection des populations en période de guerre, préconisée par l'ONU et le Comité international des réfugiés que doivent assurer les pays voisins des belligérants.

- L'affirmation selon laquelle l'Algérie pourrait accéder à l'océan Atlantique via un Sahara occidental indépendant est infondée, car le pays dispose déjà d'un accès à l'océan Atlantique quasi équidistant par le détroit de Gibraltar. En effet, ses ressources énergétiques exportables se situent géographiquement plus au centre et à l'est de l'Algérie qu'à l'ouest.

L'Algérie a effectivement condamné la reconnaissance de la souveraineté du Maroc sur le Sahara espagnol par la France, d'autant que cette France avait jusqu'ici une position conforme aux résolutions de l'ONU quant à la légitimité du droit du peuple sahraoui. Cette reconnaissance qui n'a probablement pas une implication de droit international, puisque seule l'assemblée des Nations Unies peut légiférer pour l'affiliation de ce territoire au Maroc.

©Copyright (2025) Med Kamel YAHIAOUI, droits de l'auteur protégés

Cette position française, bien qu'elle soit davantage motivée par des intérêts économiques et qu'elle vise à rétablir une relation diplomatique déclinante, a été perçue par Alger comme une offense aux droits légitimes des Sahraouis. Les rivalités entre les États algérien et marocain, dont la France n'arrive pas à trouver un juste équilibre, n'ont pas été écartées.

Cette position de la France, jusque-là conforme aux résolutions de l'ONU, dont elle est membre du conseil de sécurité, suscite des interrogations sur ce subit retournement.

b- La liberté d'expression et l'arrestation de l'écrivain franco-algérien BOUALEM SANSAL

Côté français, on évoque une atteinte à la liberté d'expression de l'auteur, un virulent opposant au pouvoir algérien, qui a été arrêté parce qu'il critiquait le régime depuis la France, où il venait tout juste d'obtenir la citoyenneté.

Côté algérien, cela ressemble à une vraie compagne de désinformation et de dénigrement de l'Algérie et son gouvernement. C'est surtout la mobilisation politico-médiatique en faveur de l'écrivain Boualem Sansal, dont la renommée littéraire est relative, qui interpelle les Algériens. On peut la comparer presque à la mobilisation mondiale en faveur de l'écrivain russe Alexandre Soljenitsyne dans les années soixante-dix.

Cette approche conforte d'autant plus les Algériens lorsqu'ils s'aperçoivent que Boualem Sansal entretenait des relations amicales avec les membres et alliés de l'extrême droite française, notamment des instances juives et qu'il était en contact constant avec Monsieur Xavier Driancourt, ex-ambassadeur de France, non seulement en France, mais déjà du temps où il exerçait sa fonction à Alger.

Compte tenu du fait que la plupart des ambassadeurs de France à Alger (Mss. BAJOLET, EMIE) ainsi que monsieur Xavier Driancourt (présomption) étaient d'anciens chefs de la DGSE, le service de renseignement, et qu'ils entretenaient des liens avérés avec les opposants algériens, cela n'a fait qu'accroître la méfiance des Algériens.

Les critiques françaises se focalisent sciemment sur une arrestation au motif de ses critiques à

©Copyright (2025) Med Kamel YAHIAOUI, droits de l'auteur protégés

l'encontre du pouvoir, à son retour en Algérie ; or, Boualem Sansal habite en permanence dans la périphérie d'Alger, il a toujours critiqué verbalement et par écrit le pouvoir à l'intérieur même du pays sans être inquiété pour autant.

Les raisons véritables que les Français occultent, bien qu'ils les connaissent, sont que Boualem Sansal a été arrêté pour des délits punissables par les lois algériennes, notamment l'atteinte à la souveraineté territoriale, en raison de ses déclarations dans une chaîne de l'extrême droite française. Ces lois sont, en quelque sorte, des lignes rouges à ne pas dépasser, semblables aux lois françaises relatives à la Shoah ou l'apologie du terrorisme.

c)- Les influenceurs algériens et le cas de l'un d'eux Doualemn

Le cas des influenceurs sur les réseaux sociaux, qui jouissent du droit à la liberté d'expression, même s'ils outrepassent parfois ce droit, est souvent utilisé pour servir des intérêts politiques et/ou sociaux. Toute obédience politique confondue a judicieusement profité, dans le passé comme au présent, pour contourner une loi ou en instaurer une autre, propager une opinion ou contrer une autre.

L'influenceur algérien, Doualemn, a été expulsé de France vers l'Algérie sans que la justice française ait statué sur son cas. Les autorités algériennes considèrent cela comme une violation des procédures et exigent qu'il soit renvoyé en France pour y être jugé pour des actes proportionnels à son délit. Corollairement, l'intéressé est interdit de séjour en Algérie au titre d'une précédente condamnation par la justice algérienne.

Certes, le ministre de l'Intérieur ou le préfet disposent de cette prérogative, mais dans des cas strictement encadrés par la loi.

Médias et politiciens, hormis quelques juristes, ont crié au scandale du fait que l'influenceur algérien disposait d'un passeport biométrique valable et qu'il n'était pas nécessaire d'obtenir une autorisation de l'ambassade d'Algérie pour son expulsion. Ils ont associé son cas, par ignorance ou intentionnellement, à celui d'un délinquant sous OQTF.

©Copyright (2025) Med Kamel YAHIAOUI, droits de l'auteur protégés

Ensuite, l'expulsion de cet influenceur algérien a été exercée au titre d'un texte de la nouvelle loi n° 2024-42 du 26 janvier 2024 qui ne correspond pas à la réalité des faits et qui stipule :

La mesure d'expulsion peut être prise lorsque la présence d'un étranger constitue une *menace grave ou très grave pour l'ordre public, la sécurité publique, ou la sûreté de l'État*, la décision est prise par le préfet ou, dans certains cas, par le ministre de l'Intérieur. L'expulsion est possible sans délai si l'urgence absolue est invoquée.

Or, considérer son délit de *« menace grave ou très grave pour l'ordre public »,* au sens de cette loi, pour *une habituelle menace verbale ne constitue pas une véridicité dès lors que ce type de menaces sont fréquemment proférées par les utilisateurs* des réseaux sociaux sans encourir de sanctions d'une telle ampleur.

À l'inverse, caractériser faussement son délit prive l'intéressé de ses droits au titre de la même loi qui rend inexpulsable les étrangers dans son cas, à savoir :

- Résident en situation régulière en France depuis plus de 15 ans
- Marié à une Française et père de deux enfants également de nationalité française

Les écrivains algériens Kamel DAOUD et Boualem SANSAL en France :

Messieurs Kamel DAOUD et Boualem SANSAL, pour ne citer que ces écrivains algériens qui font l'actualité ces derniers temps, les deux ont connu et vécu la triste guerre civile de l'Algérie des années 90, qu'ils relatent, à leur manière, dans un grand nombre de leurs ouvrages, sur les plateaux de télévision, dans des journaux ou sur les réseaux sociaux.

Il est clair qu'ils contribuent tous deux, comme bien d'autres originaires de leur propre pays, motivés par diverses raisons, tel l'intérêt personnel, un confort matériel offert par la France, notamment l'acquisition d'une nationalité, un lieu de résidence et des finances souvent proportionnelles à leurs déclarations et écrits visant à stigmatiser l'islam, le terrorisme et leur propre nation d'origine. Sincèrement, je ne pourrai affirmer si c'est leurs convictions intimes ou monnayées, le doute requière donc des réserves.

Voici l'un des aspects clés que leurs partisans ont soigneusement dissimulés : ces deux auteurs ont toujours critiqué le pouvoir algérien, parfois de manière diffamatoire, tout en résidant en Algérie sans être inquiétés par les autorités

©Copyright (2025) Med Kamel YAHIAOUI, droits de l'auteur protégés

jusqu'en 2016 pour Kamel DAOUD et jusqu'à la fin de l'année 2024 pour son collègue Boualem SANSAL.

Cette hostilité entretenue contre l'Algérie depuis la France, alimentée par l'extrême droite ou la droite traditionnelle, notamment des instances juives, sert leurs intérêts en attisant les tensions dans les communautés qui cherchent de plus en plus à se distancer d'un passé révolu d'une Algérie française.

Le problème, particulièrement pour ces deux écrivains, dont j'approuve la qualité littéraire, c'est qu'ils ont sciemment occulté les vraies raisons de la naissance de l'islamisme et du terrorisme en Algérie pour adopter le narratif occidental alors qu'ils étaient justement les meilleurs témoins de cette tragique décennie.

Pour cette tragique période qu'a vécu le peuple algérien et ces deux écrivains, voilà les récits qu'ils auraient dû écrire :

« Quand la première alerte mondiale de l'islamisme et du terrorisme avait commencé en Algérie ». L'Algérie, après un peu plus de deux décennies, était sous le régime du parti unique. En février 1989, une nouvelle constitution a été adoptée.

©Copyright (2025) Med Kamel YAHIAOUI, droits de l'auteur protégés

Elle instaurait un régime démocratique, autorisant un multipartisme à condition que les partis politiques ne soient pas fondés sur des critères tels que la religion, la langue, la race, le sexe, le corporatisme ou la région. Cette période a été marquée par l'émergence de nombreux partis politiques et de journaux indépendants (plus de quarante partis politiques de diverses obédiences et autant de journaux indépendants).

Parmi l'émergence de partis politiques en Algérie en 1989, l'un d'entre eux était le front islamique du salut (FIS), un parti islamiste radical financé par l'Arabie saoudite et d'autres pays arabes qui craignaient que l'instauration d'une démocratie en Algérie ne se propage dans leur propre pays.

Même si le soutien des pays arabo-musulmans aux islamistes algériens était compréhensible, étant donné leur inquiétude face à l'émergence de la démocratie en Algérie, il est regrettable que des pays occidentaux, en particulier la France, aient plutôt découragé le régime algérien à poursuivre sa démarche pour abolir cet islamisme radical naissant. Cela allait à l'encontre de leur prétention à promouvoir la démocratie dans le monde, disaient-ils.

©Copyright (2025) Med Kamel YAHIAOUI, droits de l'auteur protégés

Au cours des années 1980, l'Algérie, comme d'autres nations en développement, a connu une crise économique due à la chute des prix du pétrole et à la pression du Fonds monétaire international (FMI) pour obtenir un prêt, l'obligeant à adopter des restructurations sociales et économiques drastiques.

Cela a engendré des licenciements massifs et une augmentation du chômage, en particulier chez les jeunes, ce qui a favorisé l'émergence des islamistes dès le départ.

Grâce à des manœuvres politiques et à un financement généreux fourni par l'Arabie saoudite et d'autres adeptes du salafisme djihadiste, les islamistes ont réussi à séduire les Algériens, épuisés par la crise économique, en distribuant des colis alimentaires, des soins médicaux, et même de l'argent. Ils ont mis en évidence les avantages d'un État islamique par opposition à un État républicain défaillant.

Grâce à ces actions sociales et des meetings politiques et théologiques bien orchestrés, ils finirent par obtenir une écrasante majorité électorale dans pratiquement toutes les communes algériennes lors des élections communales de 1992.

©Copyright (2025) Med Kamel YAHIAOUI, droits de l'auteur protégés

Le gouvernement algérien, conscient de l'ampleur de la vague électorale en faveur des islamistes du FIS et de ses conséquences potentielles sur sa propre survie, surtout si un changement de cap vers un État islamique était envisagé, a décidé d'annuler le deuxième tour des élections. Cette décision a déclenché une réaction virulente des islamistes, qui ont organisé des manifestations, principalement à Alger, suivi d'une persécution violente des autorités comptant de nombreux morts parmi les manifestants.

Puis, peu de temps après, les islamistes ont activé leur branche armée dormante, l'armée islamique du salut (AIS), qui sera ensuite rejointe par une autre branche plus radicale, le GIA (Groupe Islamique Armé), groupe d'obédience El Qaida du chef Ben Laden. Il est composé de 27 000 à 40 000 combattants entraînés en Afghanistan, puis infiltrés, armés et financés par l'intermédiaire de deux pays voisins de l'Algérie. Le premier craint que sa monarchie ne devienne une république, tandis que le deuxième veut étendre son leadership africain au détriment de l'Algérie.

Commence alors une guerre opposant les deux branches armées des radicaux islamistes contre l'armée nationale qui se solda par au moins 200000 tués, principalement des civils.

Trois lacunes principales des Occidentaux, et particulièrement la France, ont favorisé la naissance de cet islamisme radical se transformant en un terrorisme armé qui prendra une ampleur internationale.

La première lacune est que, sous la présidence de François Mitterrand et celle de certains autres dirigeants européens, la France et d'autres pays ont refusé d'annuler les résultats des élections en faveur des islamistes, alors que le pouvoir algérien affirmait que ce n'était pas une violation de la démocratie, mais plutôt un mouvement d'islamistes radicaux cherchant à établir un État islamique à la place des républiques non seulement en Algérie, mais dans d'autres pays musulmans.

Le gouvernement algérien a essayé d'attirer l'attention de la France et d'autres pays occidentaux sur le danger imminent qui se profilait déjà sous le commandement du leader saoudien Ben Laden, fondateur d'El Qaida en Afghanistan, et de son prédicateur égyptien.

©Copyright (2025) Med Kamel YAHIAOUI, droits de l'auteur protégés

D'autant plus qu'à l'époque, le Groupe islamiste armé (GIA), affilié à Al-Qaida, en opérant en Algérie, débuta la révolution islamique mondiale, pivot de cette obédience. Il avait également commencé à établir des réseaux de soutien partout dans le monde, incluant les États-Unis, la France, la Belgique, le Royaume-Uni, l'Allemagne, la Suisse et des pays arabes, comme l'Arabie saoudite ou le Yémen.

Médiatiquement, le GIA édita une publication en Angleterre nommée Al-Ansar qui revendiquait ses actions violentes commises partout en Algérie. Ces mêmes communiqués sont adressés également par fax ou par appel téléphonique à la radio marocaine arabophone Medi 1 par un homme se présentant comme le chargé des « relations extérieures » du groupe.

Selon le gouvernement algérien en place, les événements en Algérie ont fait de ce pays un premier terrain d'expérimentation pour cet islam radical djihadiste qui finira par se propager à d'autres nations, ce qui fut le cas par la suite.

La deuxième lacune, la France et les pays occidentaux ont décrété un embargo sur les armes à destination de l'Algérie au lieu de l'aider à faire face militairement à ce danger. L'Algérie s'est

©Copyright (2025) Med Kamel YAHIAOUI, droits de l'auteur protégés

mise, vaille que vaille, à fabriquer ses propres armes nécessaires à sa défense pour éradiquer ce fléau sur son territoire.

La troisième lacune, pour cette mouvance islamique naissante, les Occidentaux voyaient en elle un moyen favorable de destituer les dirigeants des pays qui leur étaient hostiles, dont ils tentaient de les faire tomber sous de multiples prétextes, notamment économiques et/ou géostratégiques. Ce n'est qu'après les attentats du parking du World Trade Center en 1993, les attaques dévastatrices des tours jumelles en 2001, celles de la rue de Rennes et de Saint-Michel en France en 1995, ainsi que les attentats à la bombe de Madrid en 2004, et d'autres attaques terroristes à travers le monde, que les pays occidentaux ont réellement mesuré l'ampleur et les cibles de ce mouvement.

Finalement, l'Algérie a réussi à éradiquer le terrorisme sur son sol. Après cette décennie douloureuse, le peuple algérien a retrouvé la pratique d'un islam apaisant et paisible. Grâce à cette douloureuse expérience, il a appris à se méfier de toute tentative de déstabilisation du pays, même de la part de ses propres citoyens, manipulés par une démocratie trompeuse.

©Copyright (2025) Med Kamel YAHIAOUI, droits de l'auteur protégés

Quant au pouvoir algérien, quel que soit son dirigeant depuis, il a constitué ses propres réserves financières en prélevant systématiquement une partie de ses recettes pétrolières, pour ne plus dépendre des emprunts conditionnels du Fonds monétaire international ni de la Banque mondiale.

De plus, l'embargo sur les armes imposé par l'Occident alors que l'Algérie en avait vraiment besoin pour combattre le terrorisme a été un déclic fondamental. Cela a incité l'Algérie à se doter de véritables usines de fabrication d'armes, des plus simples, comme les fusils, les canons, les roquettes, les blindés et leurs respectives munitions, les bateaux de guerre, tels les corvettes Djebel Chenoua, les vedettes, les patrouilleurs et remorqueurs, les satellites d'observation, de la série Alsat, le satellite de communication Alcomsat-1, jusqu'aux plus sophistiqués, comme les drones militaires, dont le fameux drone **Al DJAZAIR**, reconnu comme l'un des dix drones militaires les plus performants au monde par le prestigieux site américain Army Technology.

L'opposant AMIR DZ *(1)* et le kidnapping

De son vrai nom Amir **BOUKHORS**, **AMIR DZ** est un influenceur sur les réseaux sociaux réputé être un opposant au gouvernement algérien.

Cependant, dans son pays d'origine, l'Algérie, on lui attribue des rôles plus controversés qu'un simple influenceur critiquant le pouvoir algérien, sous la bannière duquel il a obtenu en France le statut de réfugié en 2023.

En 2016, Amir Boukhors alias "Amir DZ," est arrivé en France via l'Allemagne. De 2016 à 2020, il vécut en France sans posséder de statut de résident algérien lui permettant de séjourner légalement en France. Cette situation précaire dura quatre années.

En 2020, il dépose une demande d'asile politique. Le simple justificatif de cette demande d'asile, qu'il doit renouveler tous les 6 mois, l'autorise à rester légalement en France en attendant la décision de l'Office français de protection des réfugiés et apatrides **(OFPRA)**

En 2023, il obtient le statut d'asile politique, qui lui confère une protection légale et un titre de

©Copyright (2025) Med Kamel YAHIAOUI, droits de l'auteur protégés

séjour en tant que réfugié politique depuis cette date.

Autrement dit, AMIR DZ a résidé clandestinement en France depuis 2016 à 2020, puis au titre de demandeur d'asile jusqu'en 2023, et enfin sous le statut d'asile politique qui lui a été accordé à cette date et qui lui confère le droit de résider légalement en France.

En Algérie, AMIR DZ est perçu pour certains comme une voix dissidente, particulièrement pendant et après le mouvement du HIRAK en 2019, tandis que d'autres l'accusent d'avoir utilisé la notoriété qu'il s'est construite à des profits personnels.

Il s'attaque essentiellement à des figures politiques et militaires influentes dont sa virulence était davantage pour accroitre son audience sur les réseaux sociaux et bénéficier des retombées financières en conséquence. Ces contradicteurs lui reprochent de s'être écarté de l'esprit fondateur du HIRAK dont il se prévalait, de profiter de toutes les opportunités, souvent sans scrupules, en tirant parti de toutes

situations sans rapport avec la qualité d'un opposant au régime qu'il se prétend.

Les uns insinuent que AMIR DZ, de par la notoriété qu'il a acquise sur les réseaux sociaux, est et était manipulé par des factions rivales au sein même du pouvoir algérien qui l'utilisaient pour diffuser des informations sourcées par ces derniers à dessein de régler leurs propres comptes entre eux.

D'autres lui reprochent aussi de s'inspirer des partisans de l'ancien FIS (Front islamique du salut), une organisation islamique impliquée dans la guerre civile en Algérie dans les années 90, dont les membres fondateurs se sont réfugiés en Europe et ont créé un mouvement sous l'appellation de RACHAD. Un des cofondateurs nommé Larbi ZITOUT, opérant depuis le Royaume-Uni serait en relation avérée avec lui.

RACHAD est un mouvement politique créé en 2007 en Europe par plusieurs anciens militants du Front islamique du Salut (FIS), dont Larbi Zitout, Mourad Dhina et d'autres figures. Les membres de Rachad se positionnent comme des opposants au régime algérien prônant en catimini les réformes de l'ancien FIS (mouvement islamiste) sous la fallacieuse bannière de réformes démocratiques. Le mouvement, dont certains fondateurs ont déjà été condamnés pour terrorisme pendant la guerre civile en Algérie, a été classé comme organisation terroriste par le gouvernement algérien en 2021.

Amir DZ a été condamné en Algérie pour différents délits, notamment pour terrorisme en même temps que Larbi ZITOUT, son contact au Royaume-Uni.

Un mandat d'arrêt international a été lancé contre lui par la Justice algérienne en 2022, cependant, la France n'a pas procédé à son extradition comme prévu conformément aux procédures d'Interpol dont elle est adhérente, d'autant qu'à la date de l'émission du mandat, il ne jouissait pas de la protection du statut de réfugié politique qu'il n'a obtenu qu'en 2023.

L'arrestation d'un agent consulaire algérien sous protection diplomatique soupçonnait d'avoir, avec deux autres individus, kidnappé AMIR DZ,

©Copyright (2025) Med Kamel YAHIAOUI, droits de l'auteur protégés

ce qui vient envenimer les conflits diplomatiques déjà exécrables entre l'Algérie et la France, orchestrés dixit les médias algériens, par le ministre de l'Intérieur Bruno RETAILLEAU pour des objectifs de politique personnelle.

Cette arrestation fait suite à une plainte pour enlèvement, déposée par Amir DZ en avril 2024. Selon ses déclarations, il aurait été kidnappé par des individus se faisant passer pour des policiers, mais il pense que ce sont des agents des services secrets algériens. Ils l'ont emmené dans un conteneur isolé en Seine-et-Marne. Il affirme avoir été drogué puis relâché 27 heures plus tard.

Les spéculations continuent de susciter les controverses depuis, par exemple :

- Un fait divers recyclé dans la continuité de la pression sur le pouvoir algérien

- Une histoire abracadabrante qui n'a aucune logique ; un kidnapping sans demande de rançon ni interrogation sous la menace, puis simplement libéré sans condition.

©Copyright (2025) Med Kamel YAHIAOUI, droits de l'auteur protégés

- Inculper les services secrets algériens pour soutirer des informations ou l'arrêter pour l'emmener en Algérie purger sa peine aurait été plausible, mais ce n'est pas le cas.

- Il aurait aussi bien pu être kidnappé par ses relations sur les réseaux sociaux, faire pression sur lui pour de multiples raisons.

(1) Toutes les informations citées concernant cet influenceur sont des éléments recueillis par des sources non officielles et requièrent la plus grande imprudence quant à leur authenticité.

ALGÉRIE : Droite et extrême droite en avant toute !

C'est vrai, qu'en cette période d'élections européennes de juin 2024, la demande de l'Algérie de la restitution d'objets historiques a été une aubaine pour ces deux tendances politiques, mais pas que.

D'une simple demande au demeurant classique et équitablement débattue par une commission Franco-Algérienne désignée par les deux pays, nous voyons ressurgir soudain dans les débats, meetings, télévisions, radios et journaux des oppositions catégoriques sans rapport avec le fond de cette demande de restitution.

Ainsi, chacun va de son ingéniosité pour ressusciter des slogans pertinents, même s'ils sont trompeurs, dans l'espoir de gagner quelques votes supplémentaires.

C'est qu'en France, évoquer le simple nom de l'Algérie est, en soi, un sujet qui mène forcément à controverse.

Il est étonnant que le monde ait oublié les horribles guerres de 14-18 et de 39-45, qui ont fait plus de 130 millions de morts. Il est étonnant qu'en Afrique du Sud, les gens aient oublié les années de l'apartheid et qu'ils se soient réconciliés avec leurs oppresseurs, alors qu'en France, l'ancienne **Algérie française** est toujours une source d'inspiration pour les politiciens, comme s'ils voulaient ajouter une saveur à un plat électoral.

De quoi s'agit-il, au juste, dans le cadre de l'histoire mémorielle entre l'Algérie et la France ? Une commission franco-algérienne a été mise en place sous la direction de Benjamin STORA et d'un homologue algérien, tous deux historiens, assistés d'une dizaine de membres des deux États, à l'initiative du président M. Macron, en 2022.

Il y a quelques jours, l'Algérie a donc demandé la restitution d'objets inhérente à la colonisation française de 1830, dont :

- 576 crânes des résistants algériens, dont seulement 24 ont été restitués entre-temps.
- Le canon algérien Boumerzoug, exposé à l'académie militaire des Invalides
- Les missives, le sabre, le burnous et le Coran ayant appartenu à l'Émir Abdelkader, chef emblématique de la résistance algérienne, biens exposés dans différents musées français.

©Copyright (2025) Med Kamel YAHIAOUI, droits de l'auteur protégés

- La clé et l'étendard de Laghouat, ville du Sud-ouest algérien, ainsi que les biens d'autres chefs de la résistance, à l'instar de la tente d'Ahmed Bey.
- Les archives numérisées de la période coloniale de 1830 à 1962
- Les biens de souveraineté datant d'avant et après 1830.

Ces biens ont une valeur mémorielle symbolique pour l'histoire de l'Algérie et n'entraînent aucun préjudice financier ni autre pour la France en les restituant à l'Algérie.

Pire gardé des crânes humains d'Algériens dans des musées français comme un trophée, inspire plutôt une connotation macabre pour une France du 21e siècle.
Tous les pays colonisateurs ou en guerre ont, à la fin des hostilités, restitué ce type de biens, voire même des indemnisations financières.

Pas étonnant, encore aujourd'hui, en France, que nous entendions, au sein même l'Assemblée nationale, les adeptes de l'ex-empire colonial, claironner les bienfaits de la colonisation, alors que, de l'autre côté de la Méditerranée, les Algériens affichent tristement des tableaux aux textes explicitement contraires :

©Copyright (2025) Med Kamel YAHIAOUI, droits de l'auteur protégés

Tableau 1, Jules FERRY : « *Messieurs, il faut parler plus haut et plus vrai, il faut dire ouvertement qu'en effet, les races supérieures ont un droit vis-à-vis des races inférieures* ».

Tableau 2, Ernest RENAN 1871
« *La conquête d'un pays de race inférieure, par une race supérieure, qui s'y établit pour le gouverner, n'a rien de choquant... La nature a fait une race d'ouvriers ; c'est la race chinoise, d'une dextérité de main merveilleuse, sans presque aucun sentiment de l'honneur... ; une race de travailleurs de la terre, c'est le nègre... Une race de maîtres et de soldats, c'est la race européenne.* »
Tableau 3, le général MONTIGNAC
« *Toutes les populations qui n'acceptent pas nos conditions doivent être rasées. Tout doit être pris, saccagé, sans distinction d'âge ni de sexe : l'herbe ne doit plus pousser où l'armée française a mis le pied, voilà comment il faut faire la guerre aux Arabes : tuer tous les hommes jusqu'à l'âge de quinze ans, prendre toutes les femmes et les enfants, en charger les bâtiments, les envoyer aux îles Marquises ou ailleurs. En un mot, anéantir tout ce qui ne rampera pas à nos pieds comme des chiens* ».
Tableau 4, maréchal BUGEAUX
« *Le but n'est pas de courir après les Arabes, ce qui est fort inutile ; il est d'empêcher les Arabes*

de semer, de récolter, de pâturer, de jouir de leurs champs. Allez tous les ans leur brûler leurs récoltes ou bien exterminez-les jusqu'au dernier. Si ces gredins se retirent dans leurs cavernes, imitez Cavignac aux Sbéhas ! Fumez-les à outrance comme des renards ».
Tableau 5, SAVARY, duc de Ravigo
« Des têtes ! Apportez des têtes, des têtes, bouchez les conduites d'eau crevées avec la tête du premier Bédouin que vous trouverez ! »

©Copyright (2025) Med Kamel YAHIAOUI, droits de l'auteur protégés

l'Algérie et ses immigrés, décidément

Un de mes lecteurs, un vieil Algérien résidant en France, en attendant tout ce brouhaha politico-médiatique à propos de l'Algérie, me confia, la moustache tremblante :

Assieds-toi, car ça va être long, me dit-il avant de commencer.

- Je ne comprends plus les Français d'aujourd'hui. De mon temps, quand on parlait d'un Algérien, on lui demandait sympathiquement pourquoi il ne buvait pas d'alcool, pourquoi il égorgeait le mouton de l'Aïd ou pourquoi on lui coupait un bout du zizi.

- Il répondait fièrement : l'alcool, ce n'est pas bien pour la santé et ça fait faire des bêtises, on égorge le mouton en reconnaissance du sacrifice de notre ancêtre Abraham et le zizi, c'est une question d'hygiène, d'ailleurs du temps de Jésus, les chrétiens se coupaient aussi un bout du zizi.

©Copyright (2025) Med Kamel YAHIAOUI, droits de l'auteur protégés

- En politique, le grand Charles et ses collaborateurs avaient le sens des mots, ils respectaient poliment leurs adversaires, leurs positions face aux problèmes étaient justes et équilibrées.

- Cela m'écœure de voir ces charlatans politiciens d'aujourd'hui, prêts à vendre leur âme et leur honneur pour un avantage politique de leur parti, auquel, trop souvent, ses dirigeants adhèrent plus par intérêt et ascension personnels que par idéologie et leur flexibilité à aller d'un parti à l'autre le prouve bien d'ailleurs.

- Ce n'est pas seulement le bourreau de la guerre d'Algérie qui est devenu célèbre grâce à sa phrase « un détail de l'histoire » qui a fondé un parti d'extrême droite avec les partisans de l'Algérie française et les membres de l'OAS, une organisation criminelle en Algérie qui n'a épargné ni les Français ni les Algériens. Son parti excelle dans le racisme. Ses héritiers et leurs concurrents, encore plus virulents, sèment aujourd'hui la discorde entre les Français de souche ou d'adoption et propagent des idées sciemment trompeuses.

- Je vais vous faire un compte moi aussi, contrairement à ceux que claironnent ces partis de l'extrême droite, de la droite et alliés à propos de l'Algérie.

Mohamed commença à me citer des chiffres aussi précis qu'un comptable, que je reprends ci-dessous :

875 MILLIONS € de remise consentie à la France sur la vente du gaz algérien chaque année.

Je déduis **-140 MILLIONS** de l'aide au développement que verse la France à l'Algérie.

Je déduis **- 150 MILLIONS €** pour payer les frais de soins d'environ 2 000 Algériens par an qui se soignent en France.

ZÉRO FRAIS pour les RSA, les allocations et autres aides sociales, largement payés par les prélèvements sociaux sur les salaires des Algériens qui travaillent en France.

Il reste donc 585 MILLIONS € en faveur de la France, mais que l'Algérie perd chaque année.

Vous allez me dire que la France n'a qu'à acheter son gaz ailleurs. Cependant, elle perdra les 875 millions d'euros et paiera encore plus cher son gaz, alors que l'Algérie gagnera ces 875 millions et vendra son gaz à un prix plus favorable sur un marché porteur.

Citons maintenant les pressions préconisées contre l'Algérie aussi incongrues qu'insensées :

    a- Suppression des visas pour les Algériens :

Les Algériens ont des relations cordiales et apaisées avec l'Italie et l'Espagne qui leur délivre deux fois plus de visas Schengen leur permettant de visiter leurs familles en France. La France ne peut s'opposer au risque de contrevenir aux accords de l'Union européenne.

    b- Saisir les biens et avoirs des Algériens en France

D'abord, cette procédure est régie par le droit international. La France ne peut donc pas la faire à sa guise, même si l'Algérie peut à son tour saisir les biens et avoirs des 600 entreprises françaises implantées en Algérie.

c- **Suspendre les transferts d'argent des travailleurs algériens :**

La France aura du mal à justifier cette décision au regard du droit international. D'autant plus que les salariés algériens rigoleraient sournoisement, car le reste de leur salaire, lorsqu'ils partent régulièrement au pays, est dépensé en cadeaux pour leur famille.

Comparativement, les Algériens transfèrent moins de 1 milliard € alors que les Marocains en sont à 11 milliards. De surcroît, comme dit l'adage « Les ennemis de nos ennemis sont nos amis », le Maroc étant injustement ennemi de l'Algérie, faire un sale coup à ses amis n'est pas saint.

d- **Les voyages sans visa des dirigeants algériens**

Dérogation accordée aux dirigeants algériens en 2013 compensée par des avantages accordés par eux-mêmes à la France.

Cela est effectivement possible au risque d'envenimer encore plus les relations franco-algériennes, s'agissant de personnes décisionnaires dans la sphère du pouvoir.

e- Un jeu de boomerang Franco-Algérien qui empeste les relations :

La France reproche à l'Algérie d'exploiter, pour des raisons de politique intérieure, l'histoire mémorielle de la colonisation. À son tour, l'Algérie critique la France d'instrumentaliser une algérophobie à des fins de politique intérieure. Elle cherche à minimiser la sympathie envers l'extrême droite, qui compte une importante communauté de Français d'Algérie, de harkis et de leur descendance, ainsi que des familles ayant souffert directement ou indirectement pendant la guerre d'Algérie, comme celles des 1,5 million de soldats ayant pris part à la guerre de l'Indépendance algérienne de 1954 à 1962.

Les OQTF, le nouveau mot magique qui rapporte gros en politique

Comme les thèmes politiquement payants du voile, la burqa, la laïcité, l'immigration, l'islam et l'antisémitisme, ce nouveau thème est en passe de surclasser tous ceux qui l'ont précédé. D'ailleurs n'est-il pas plus facile de l'évoquer, voire le justifier par un simple tour de passe-passe fallacieux, pour faire monter la mayonnaise parmi un population qui peine à retrouver sa cohésion nationale et son paisible train de vie.

Le terme « OQTF » est devenu aussi spéculatif qu'une valeur boursière. Ainsi, les OQTF des pays européens en dehors de l'UE, celles de tout autre continent, ne sont pas aussi rentables que les OQTF du Maghreb.

Et, à l'intérieur même de ce foutu Maghreb, il y a un pays qui rapporte bien plus que ses voisins, l'évocation de son simple nom est en soi un jackpot politico-médiatique ; vous l'avez certainement deviné, c'est celui de l'ALGÉRIE, la bombe médiatique en France.

©Copyright (2025) Med Kamel YAHIAOUI, droits de l'auteur protégés

Sans revenir sur les subtiles mises en scène depuis la fin juillet 2024 à propos de l'Algérie, les déclarations des plus hautes autorités françaises, qui semblent crédibles, d'une Algérie qui « humilie » la cinquième puissance du monde et qui se « déshonore » par la même, lesquelles déclarations sont reprises, enrichies et amplifiées par une extrême droite et une droite à l'affut.

Traditionnellement, les « coups fourrés » sont l'apanage des services secrets, sauf que pour l'Algérie et ses OQTF, c'est les politiciens eux-mêmes qui accaparent de cette mission :

En premier lieu, c'est le ministre de l'Intérieur qui, tambour battant, expulse manu militari un prétendu dangereux influenceur algérien, Dboualem, qui est en situation régulière en France depuis plus de 15 ans, mari d'une Française et père de deux enfants français.

Mais ce n'est pas la question. Notre subtil ministre souligne, en y insistant, que le prétendu délinquant possédait un passeport biométrique algérien en règle et que l'Algérie l'a renvoyé simplement pour « humilier la France », dit-il.

©Copyright (2025) Med Kamel YAHIAOUI, droits de l'auteur protégés

Après coup, il s'est avéré que les autorités algériennes étaient en droit de renvoyer à l'expéditeur ce ressortissant sur le fondement légal que cette expulsion était arbitraire ; le pire pour Mr Retailleau c'est que cela a été confirmé par la justice française, faisant grief à ce ministre d'avoir évoqué un motif inapproprié d'expulsion, Dieu merci, la justice veille.

Ensuite, monsieur Éric Ciotti, député de la première circonscription des Alpes-Maritimes, a profité de cette occasion pour commenter un autre cas similaire. Eric Ciotti, un homme politique d'obédience UMP, puis LR, maintenant à l'extrême droite avec l'Union des Droites pour la République, a saisi l'occasion de critiquer l'expulsion d'un individu d'origine algérienne ayant fait l'objet d'une mesure de renvoi vers son pays d'origine après son arrestation pour des violences intrafamiliales. Il a été renvoyé par l'Algérie, car la France n'avait pas respecté les procédures légales, il ne disposait pas « du laissez-passer consulaire avec passeport", lui permettant d'être accueilli dans son pays d'origine.

©Copyright (2025) Med Kamel YAHIAOUI, droits de l'auteur protégés

Les autorités françaises, tout comme M. Ciotti et monsieur le ministre de l'Intérieur précédemment, semblent avoir ignoré les conventions bilatérales et le droit français en la matière.

Voyant voir, particulièrement, ce terme OQTF, qui ne cesse de titiller les oreilles de nos concitoyens grâce au tapage médiatique qui en est fait :

Je ne cite que les OQTF concernant l'Algérie, puisque c'est d'elle qu'il s'agit :

Saviez-vous que l'affirmation selon laquelle l'Algérie « refuse d'appliquer ses OQTF » n'est pas tout à fait exacte ? En réalité, selon le rapport du ministère de l'Immigration de France publié le 4 février 2025, 2999 OQTF algériennes ont été exécutées en 2024, soit une augmentation de 17 % par rapport aux 2562 OQTF algériennes exécutées en 2023.

Les chiffres officiels contredisent les affirmations tapageuses des opposants. Il est donc clair qu'il s'agit d'une supercherie concernant les deux OQTF refoulées par l'Algérie, dont les raisons, faut-il le souligner, sont dues au non-respect des conventions franco-françaises sur l'expulsion des OQTF et à la non-conformité juridique du droit français quant à leur expulsion.

Même si, comme on dit, « En politique, tous les coups sont permis », il est évident que la spécificité de l'Algérie sur la scène politique française est suffisamment lucrative pour qu'on n'ait pas besoin de lui asséner des coups, peu importe leur raison. De plus, on devrait plutôt l'accabler pour son péché originel, qui a été de repousser la colonisation française hors du pays, et de servir d'exemple aux autres pays.

Le mythe de la rente pétrolière que claironne la France :

Dans ses diatribes contre l'Algérie, la France évoque trop souvent ce thème en prétendant que « la junte militaire algérienne » détourne les ressources des hydrocarbures à son profit au détriment du peuple algérien.

Même si une part de vérité se trouve derrière ces allégations, les détournements ne se font pas sur les ventes des hydrocarbures, qui sont régies par des contrats de vente à moyen ou à long terme signés entre l'acheteur et la société nationale, mais sur l'attribution des zones d'exploitation qui peuvent être cédées de gré à gré moyennant des « bakchiche » versés sur des comptes en Europe ou en off-shore. Une pratique internationale compromettante qu'imposent quelquefois les majors des hydrocarbures pour s'approprier des concessions juteuses ou suggérées par les dirigeants véreux des pays producteurs d'hydrocarbures. Cela demeure néanmoins une corruption évidente qui se caractérise par un manque à gagner.

©Copyright (2025) Med Kamel YAHIAOUI, droits de l'auteur protégés

Voyons maintenant comment sont reversés les bénéfices du pétrole et gaz au peuple algérien et leur part dans le PIB algérien :

a) Part des hydrocarbures dans les subventions sociales :

Le système de subventions en Algérie repose sur deux piliers. D'une part, les "transferts sociaux" qui permettent à tous les Algériens de bénéficier d'une éducation et de soins gratuits, ainsi que de logements extrêmement bon marché. D'autre part, des subventions aux produits et services de base, tels que le pain, la semoule, le sucre, l'huile, l'eau, l'électricité, le gaz et les transports. En 2021, le total des subventions directes et indirectes a atteint environ 5.131 milliards de DA, soit l'équivalent de 23% du PIB.

Sur la base d'un PIB de 187 milliards $ en 2021, ces subventions représentent 43 milliards $

Les ventes de pétrole et gaz de l'Algérie en 2021 étaient de 35.4 milliards $ (chiffres d'affaires sans déduction des charges de l'entreprise Sonatrach).

Si l'on compare ces chiffres à ceux des années 2022 et 2023, à critères identiques :

Le Pib de 2022 était de 226 milliards $ et les subventions à 55 milliards

Les ventes du pétrole et de gaz de l'Algérie en 2022 étaient de 68,4 milliards $ (montant brut sans déduction des charges de l'entreprise Sonatrach)

Le PIB de 2023 était de 240 milliards $ et les subventions à 52 milliards $

Les ventes du pétrole et de gaz sont de 50 milliards $ (montant brut sans déduction des charges de l'entreprise Sonatrach)

b) Part des hydrocarbures dans le PIB algérien

On confond trop souvent les recettes en devises étrangères et la part des hydrocarbures dans le PIB national qui ont représenté en moyenne 96 à 97% des recettes en devises, avec une inflexion notable depuis 2020 ramenant ce taux à 90%.

Si l'on recalcule les PIB sans les produits du pétrole et du gaz, nous obtenons :

Année 2021 : 187 milliards $ — 35,4 milliards $ = 151,6 milliards (hors hydrocarbures)

Année 2022 : 226 milliards $ — 68,4 milliards $ = 157,6 milliards $ (hors hydrocarbures)

Année 2023 : 240 milliards $ — 52 milliards $ = 188 milliards (hors hydrocarbures)

En comparant le PIB algérien sans ressources pétrolières avec celui des deux pays voisins :

Pays	2021	2022	2023
Algérie (normal)	187 Mds$	226 Mds$	240 Mds$
Algérie (hors PG)	151,6 Mds$	157,6 Mds$	188 Mds$
Maroc	141,8 Mds$	130,9 Mds$	141,1 Mds$
Tunisie	46,81 Mds$	44,58 Mds$	48,59 Mds$

Le PIB algérien reste nettement supérieur à celui de ses voisins, particulièrement par rapport au Maroc qui dispose d'une démographie approchante.

Le tort de l'Algérie est d'avoir misé presque exclusivement sur les recettes en devises des hydrocarbures au lieu de diversifier son économie pour exporter d'autres produits que les hydrocarbures.

©Copyright (2025) Med Kamel YAHIAOUI, droits de l'auteur protégés

Cette lacune semble être comprise par le gouvernement du président Abdelmajid Tebboune, qui a activé, dès la fin de la pénible période de Covid en 2020, la création de sociétés privées et publiques en collaboration avec ou sans des entreprises étrangères. L'objectif est de satisfaire les besoins de la demande intérieure pour réduire les importations et permettre d'exporter les surplus des produits algériens autres que les hydrocarbures et leurs dérivés.

Face à la nécessité de redynamiser la croissance économique du pays, l'Algérie a voté la loi de finances 2020 pour abandonner « la règle du 51/49 » pour les investissements étrangers dans les secteurs non stratégiques en maintenant l'obligation du transfert de technologie, leitmotiv de l'Algérie pour tous les investissements étrangers en Algérie.

De même, l'Algérie a encouragé les investisseurs privés algériens en leur accordant des facilités financières et des terrains gratuits pour leur implantation. L'un des secteurs les plus convoités est celui de l'agroalimentaire dans le Sahara algérien, qui devient de plus en plus vert grâce aux infrastructures d'arrosage et aux systèmes de goutte-à-goutte mis au point par les opérateurs algériens.

c) Les réserves de change issues des hydrocarbures :

Sous la contrainte du FMI et de la Banque mondiale, l'Algérie a été forcée, durant les années 80, de céder ses entreprises publiques et de diminuer les effectifs de son personnel pour obtenir les prêts nécessaires afin d'affronter la situation économique internationale de l'époque. Depuis, l'Algérie a mis en place une réserve de devises en dollars, pour se mettre à l'abri d'éventuelles pressions conjoncturelles.

Cela consiste à affecter une part du montant des ventes de ses hydrocarbures à une réserve de prudence en devises, calculée de la manière suivante :

En début d'année, était déterminé un prix des hydrocarbures (moyenne des prix les plus bas des années précédentes) pour couvrir les charges budgétées de l'année que nous désignons par la lettre (A)

Moyenne du prix de vente effectif de l'année que nous désignons par la lettre (B)

L'équation :

Montant total des ventes en devises de l'année (B)

- Montant des ventes totales budgétées (A)

Affectation de la différence à la fameuse réserve de prudence.

Bon an mal an, cette cagnotte a atteint au plus haut 256 milliards $ et la dernière en date à 82 milliards $, ce qui constitue une manne non négligeable en période de vache maigre

Pour le sacro-saint prisme de l'économie libérale, selon les recommandations de la Banque mondiale, il était préconisé, à tout le moins pour la partie des subventions alimentaire, d'exclure les familles aisées. Cependant, la mise en place d'une telle restriction s'avérait techniquement compliquée.

Par ailleurs, la devise de la République algérienne stipule « par le peuple et pour le peuple », ce qui remettrait en cause la privation d'une partie de la population bien qu'elle soit la plus aisée.

Le difficile équilibre de la France entre l'Algérie, le Maroc et le piège du Sahara occidental

Les relations économiques du Maroc avec la France, il ne faut pas raisonner en matière d'échanges commerciaux seulement. Les sociétés françaises établies au Maroc ont une présence importante : la majorité de leur chiffre d'affaires est soit intégré dans le produit intérieur brut (PIB) marocain, soit facturé par les sociétés mères en France pour leur production directement exportée depuis le Maroc. Ce qui signifie que le poids économique entre le Maroc et la France ne peut se mesurer qu'en termes d'échanges commerciaux uniquement comparés aux échanges qu'elle entretienne avec l'Algérie. En ce qui a trait au poids économique de la France par rapport à l'Algérie, le même théorème se repose, puisqu'aux échanges commerciaux sont additionnés des bénéfices substantiels provenant de l'exploitation des puits de pétrole et de gaz algériens accordés aux entreprises pétrolières françaises.

©Copyright (2025) Med Kamel YAHIAOUI, droits de l'auteur protégés

La politique économique du Maroc semble se préoccuper moins de son indépendance économique, car des entreprises étrangères sont autorisées à s'établir avec la possession complète du capital de leur propre société. En revanche, en Algérie, une société étrangère doit respecter la règle des 49/51 %, exigeant que l'entreprise soit majoritairement détenue par un investisseur algérien, public ou privé. Cette règle a été depuis la loi budgétaire de 2020 assouplie pour les secteurs économiques non stratégiques.

Par rapport à l'Afrique, la France tente, au moyen de ses sociétés au Maroc, de conquérir ou de reconquérir des marchés qu'elle a perdus ou qu'elle souhaite acquérir. Toutefois, un grand nombre de nations africaines s'éloignent progressivement de la domination française en Afrique et s'orientent plutôt vers l'exploitation de leurs propres richesses ou leur transfert à des entreprises étrangères offrant des conditions plus justes, telles que celles proposées par la Chine, la Russie, la Turquie et les échanges intra-africains.

Sur le plan géostratégique, la France implique également le Maroc dans des opérations inappropriées qu'elle jouait précédemment dans certains pays du sahel, mais n'arrive plus à maintenir son influence du passé. Certains géostratèges expliquent que leur solidarité discrète avec l'Algérie explique en partie la déconfiture diplomatique de la France avec les pays du Sahel et récemment le Sénégal, le Tchad et la Cote d'ivoire.

Certains pays africains se méfient des accointances du Maroc avec la France et Israël, de son rôle de fournisseur de cannabis et de drogues dures, dont les Sud-Américains, par connivence, utilisent le réseau de distribution de la mafia marocaine déjà en place. C'est ce trafic de drogue dans la région Sahel qui finance le terrorisme au Sahel et qui s'ajoute à un autre trafic, celui du trafic des passages de l'immigration clandestine africaine. Le Maroc est également soupçonné de mener furtivement des actions en faveur d'Israël et d'un autre acteur que sont les Émirats arabes unis, supposé financer et armer les états en conflit dans la région. Concernant Israël, le Maroc tente de faciliter le rapprochement entre Israéliens et des pays africains. Sa tentative de promouvoir l'accès

©Copyright (2025) Med Kamel YAHIAOUI, droits de l'auteur protégés

d'Israël en tant qu'État membre observateur dans l'Unité africaine, confirme les soupçons sur son rôle.

Le retournement de la position de la France en faveur de la reconnaissance de la souveraineté du Maroc sur le Sahara occidental alors que sa position antérieure était conforme aux droits à l'autodétermination du peuple sahraoui conformément aux résolutions de l'ONU dont elle est membre permanente du Conseil de Sécurité.

Ce retournement a suscité le mécontentement de l'Algérie, dont la décolonisation des peuples est un principe intangible non seulement pour le Sahara occidental, mais avant pour avoir soutenu l'indépendance de l'Angola, du Mozambique et de l'Afrique du Sud, entre autres.

Il pose également beaucoup de questions quand on sait que pas mal d'États subodorent que le Maroc, pour entériner l'annexion du Sahara occidental, soudoie des pays, menace de migration, fait du chantage à des personnalités piégées par des enregistrements vidéos compromettants lors de leur séjour au Maroc ou accorde des largesses économiques en contrepartie. Cette attitude, que les Marocains qualifient de soft Power, n'est en réalité qu'une malsaine compromission.

Le piège marocain que la France se doit d'éviter, c'est l'exagération manifeste du Maroc dans la réécriture de son histoire pour masquer son irrédentisme

Selon la trompeuse théorie marocaine sur la souveraineté du Sahara occidental et l'idéologie de l'irrédentisme, l'Algérie pourrait revendiquer l'annexion de la partie nord du Maroc historiquement liée à la Numidie algérienne depuis l'antiquité, ou au moins jusqu'au fleuve Moulouya, qui a servi de frontière naturelle depuis l'époque romaine jusqu'à l'arrivée des ottomans.

De son côté, la Tunisie carthaginoise revendiquera toute la côte du Maroc et l'alliance sénégalo-mauritanienne réclamera tous les territoires conquis par les Almoravides, originaires du Sud saharien et ainsi de suite. En matière de droit international, le peuple originaire du Sahara occidental doit se

©Copyright (2025) Med Kamel YAHIAOUI, droits de l'auteur protégés

prononcer sur son autodétermination. Son représentant est le Polisario et l'organisme de l'ONU, la Minurso, est toujours là pour exercer cette mission. Le vote d'indépendance est sciemment retardé par le Maroc, l'ONU n'acceptant pas d'inclure les colons marocains de la marche verte de 1975 (350 000 colons marocains) dans le scrutin.

Par ailleurs, dans son avis du 13 décembre 1974, la Cour Internationale de Justice à clairement précisé qu'il n'existe aucun lien de souveraineté territoriale du Maroc sur le territoire du Sahara occidental.

Depuis l'annexion du Sahara occidental, le Maroc s'est lancé dans une vente des ressources de ce pays, distribuant des sommes considérables en billets et menaçant de contrôler l'immigration pour obtenir des soutiens en leur proposant des intérêts alléchants. Cependant, la reconnaissance de ces pays ne changera rien, sauf cas d'opposition par le droit de véto des membres du conseil de sécurité qui ne mettra pas le principe d'indépendance, mais retardera son application),car seules les résolutions de l'ONU peuvent établir juridiquement l'appartenance ou l'affiliation du Sahara occidental au Maroc.

L'antériorité historique qu'évoque le Maroc avec insistance est fallacieuse, les empires Almoravides, Almohades et même les Mérinides et leurs cousins wattassides ne sont pas des Marocains, mais des conquérants du Maroc qui leur a servi de pont pour conquérir la péninsule ibérique et Malte également. Prétendre qu'ils sont des empires marocains est la pire des supercheries.

Le premier royaume marocain d'IDRISS 1er, claironné par les Marocains, est une hérésie, il n'occupait qu'une partie de l'Est marocain, trois autres royaumes occupés par le Maroc en même temps (les royaumes de Nekor, Sijilmassa et Tamesna) jusqu'en 1078, alors que la dynastie Idrissite a été destituée en 985.

Si l'on considère cela comme un État, le Royaume de Kairouan, en Tunisie, à partir de 690, serait le premier État maghrébin. L'Algérie aurait été le deuxième État, grâce au royaume Rostémides de Tahert, fondé en 761, soit longtemps avant l'arrivée d'Idris 1er au Maroc, en 791.

©Copyright (2025) Med Kamel YAHIAOUI, droits de l'auteur protégés

Le Maroc et le territoire du Sahara Occidental rappellent d'abord l'antériorité de cette colonie espagnole :

En 1884, à l'apogée des colonisations des pays africains par les Européens décrétées dans le traité de Berlin de 1885, l'Espagne a colonisé le Sahara occidental, en contractant des accords avec les tribus d'origine de ce territoire qu'elle baptisa **RIO DE ORO**.

Le Sahara occidental a été inscrit sur la liste des territoires non autonomes établie par les Nations Unies en 1963 après que l'Espagne eut communiqué les renseignements visés à l'alinéa *e* de l'Article 73 de la Charte des Nations Unies.

Un territoire non autonome signifie que sa population ne s'administre pas encore complètement elle-même et qu'elle doit exercer son droit à l'indépendance par la voie d'un vote pour l'autodétermination des autochtones originaires du territoire.

L'Espagne abandonna le Sahara occidental en 1975 pour plusieurs raisons :

- **L'Espagne faisait face à une pression croissante de la communauté internationale pour décoloniser le Sahara occidental, conformément aux résolutions des Nations Unies sur l'autodétermination des peuples.**

- Avec la mort imminente du dictateur Francisco Franco, l'Espagne, dans sa future transition politique, sentait qu'elle risquait de s'affaiblir en maintenant la colonisation du Sahara occidental. D'abord, cela se serait fait en contradiction avec les recommandations de l'ONU qui prônait l'indépendance de cette colonie. Ensuite, elle commençait à être confrontée au soulèvement armé des indépendantistes sahraouis du **POLISARIO**.

- Pour s'en défaire, plutôt que d'assurer la transition d'indépendance sous son couvert, l'Espagne a signé les accords de Madrid en novembre 1975 transférant l'administration de ce territoire au Maroc et la Mauritanie, les deux pays qui revendiquaient son annexion. Ces accords étaient contestés par les nations unies ainsi que par l'Algérie voisine qui appuyait l'indépendance des Sahraouis conformément aux résolutions de l'ONU.

La même année, le Maroc, profitant de la faiblesse institutionnelle de l'Espagne suite à la mort de son dirigeant Franco, a organisé une mobilisation massive de citoyens marocains, épaulés par l'armée, qui occupèrent le Sahara ; au même moment, les Espagnols se retiraient du territoire.

©Copyright (2025) Med Kamel YAHIAOUI, droits de l'auteur protégés

Le roi du Maroc Hassan II, en organisant judicieusement cette colonisation de peuplement, murissait trois objectifs

1- Élargir le territoire marocain et avoir un accès plus facile vers l'Afrique de l'Ouest via la voie terrestre.

2- Séparer une partie des militaires en affectant l'équivalent de 100 000 soldats et officiers pour éviter de subir à nouveau des coups d'État militaires, à l'instar de celui de Skirat le 10 juillet 1971 et de celui des aviateurs le 16 aout 1972.

3- Envoyer environ 350.000 Marocains peupler le Sahara occidental, promettant biens et travail, dans une période des années 70 au cours de laquelle les Marocains vivaient une intense crise économique.

Le Maroc a évalué l'importance économique de l'annexion du Sahara occidental, qui regorge de ressources naturelles stratégiques, telles que le phosphate, les ressources halieutiques, les hydrocarbures et l'énergie solaire abondante pour les énergies renouvelables. Sous la pression et la menace de cette invasion, la majorité des Sahraouis ont fui vers les frontières algériennes, et une partie d'entre eux vers celles de la Mauritanie.

©Copyright (2025) Med Kamel YAHIAOUI, droits de l'auteur protégés

En se retirant du Sahara occidental, l'Espagne a favorisé l'occupation du territoire par le Maroc (la Mauritanie s'étant retirée depuis, sous la pression armée du Polisario) créant ainsi un conflit territorial qui peine à être résolu à ce jour.

Sous quels fondements le Maroc revendique-t-il le Sahara occidental :

Historiquement et juridiquement, cette revendication est irrecevable :

1) Juridiquement d'abord :

En matière de droit international, le peuple originaire du Sahara occidental doit se prononcer sur son autodétermination. Son représentant est le Polisario et l'organisme de l'ONU, la Minurso, est toujours là pour exercer cette mission. Le vote d'indépendance est sciemment retardé par le Maroc, l'ONU n'acceptant pas d'inclure les colons marocains de la marche verte de 1975 (350 000 colons marocains) dans le scrutin.

Par ailleurs, dans son avis du 13 décembre 1974, la Cour Internationale de Justice à clairement précisé qu'il n'existe aucun lien de souveraineté territoriale du Maroc sur le territoire du Sahara occidental.

©Copyright (2025) Med Kamel YAHIAOUI, droits de l'auteur protégés

La cour de justice de l'Union européenne ainsi que des juridictions d'autres états ont interdit ou annulé des ventes des ressources par le Maroc conformément aux résolutions de l'ONU qui stipulent clairement que toute activité économique dans ce territoire, y compris l'extraction de ressources, doit être menée en consultation avec les Sahraouis et dans leur intérêt.

2) Historiquement, une thèse marocaine farfelue :

En 1956, le mouvement marocain de l'Istiqlal, qui a contribué à l'indépendance du Maroc en mettant fin au protectorat français, a promu l'idée d'un Grand Maroc en voulant s'emparer de parties de territoires voisins. Ces territoires ont été anciennement occupés par la dynastie Almoravide fondée par Yahya ben Ibrahim, originaire de l'Adrar en Mauritanie, qui a régné sur un empire s'étendant du fleuve Sénégal jusqu'en Espagne, ainsi que par la dynastie des Almohades originaire de l'Ouest algérien, qui avait remplacé le règne des almoravides, voire par ceux des mérinides originaires des Aurès algériens qui régnèrent sur le Maroc.

©Copyright (2025) Med Kamel YAHIAOUI, droits de l'auteur protégés

Ces principales dynasties n'étaient pas d'origine marocaine, leur seul lien était religieux, ces deux premières dynasties avaient recruté deux prédicateurs marocains pour enseigner à leur population et, dans les ribats, un islam rigoureux.

Le premier prédicateur marocain recruté par les amoravides est l'imam Abdellah Ibn Yasin. Lors de son retour de la Mecque, Yahya ben Ibrahim, se rendant compte de l'ignorance de l'islam de ses tribus, s'est arrêté à Kairouan en Tunis pour demander au théologien Abou Imran, s'il y avait parmi ses étudiants un élève pour apprendre le Coran à ses tribus. N'ayant pas d'élèves disponibles, il lui indiqua un autre savant de l'extrême Souss au Maroc où il trouva un étudiant du nom de Abdellah Ibn Yassin, qui accepta de l'accompagner.

Le second prédicateur des Almohades était Ibn Tumert, originaire du village d'Arghen dans Anti-Atlas marocain. Il prêchait, parmi sa tribu Masmouda, une réforme religieuse stricte basée sur le monothéisme pur et la justice sociale pour laquelle ses contradicteurs le traitaient de déviant à la religion musulmane. Sous la pression de ses opposants, il partit se réfugier dans le pays voisin proche.

À son arrivée à Bougie, en Algérie, il rencontra le jeune algérien Abdel Moumin, qui avait déjà adopté la réforme religieuse d'EL GHAZALI, axée sur le monothéisme pur (Tawhid), prôné également par Ibn Tumert. Il devint son disciple. Après la mort d'Ibn Toumert en 1130, Abdel Moumin poursuivit son prêche de la nouvelle réforme. Il rallia les tribus algériennes et les tribus Masmoudas du Maroc, assembla une armée capable de renverser et de remplacer la dynastie almoravide, qui régnait sur le Maghreb et l'Andalousie depuis la fondation de sa capitale, Marrakech, en 1062 jusqu'en 1147.

Depuis l'annexion du Sahara occidental, le Maroc s'est lancé dans une vente des ressources de ce pays, distribuant des sommes considérables en billets et menaçant de contrôler l'immigration pour obtenir des soutiens en leur proposant des intérêts alléchants. Cependant, la reconnaissance de ces pays ne changera rien, car seules les résolutions de l'ONU peuvent établir juridiquement l'appartenance ou l'affiliation du Sahara occidental au Maroc.

©Copyright (2025) Med Kamel YAHIAOUI, droits de l'auteur protégés

3) Le conflit armé entre Sahraouis et le Maroc

Le POLISARIO, mouvement de libération sahraoui qui avait entamé sa guerre d'indépendance pendant la présence espagnole, proclame, en 1976, la création de la République arabe sahraouie démocratique (**RASD**) et mène des actions armées contre les forces armées royales Marocaines, cette confrontation a duré pendant 16 ans jusqu'en 1991 où un cessez-le-feu a été conclu entre les deux partis. En 2007, deux solutions s'opposent : celle du Maroc, qui propose une large autonomie du Sahara occidental tout en le maintenant dans le giron du Royaume du Maroc ; et celle du Polisario, qui représente la population sahraouie, et qui demande l'exécution des résolutions de l'ONU qui reconnaissent son droit à l'indépendance, à confirmer par une consultation électorale du peuple sahraoui sous l'égide de la Minurso, organisme de l'ONU.

©Copyright (2025) Med Kamel YAHIAOUI, droits de l'auteur protégés

Pétrole et gaz africain, la rivalité franco-algérienne

Le géant algérien des hydrocarbures, la société algérienne SONATRACH, première par sa taille et unique par ses multicompétences dans son domaine en Afrique, qui agissait jusqu'alors hors des projecteurs médiatiques, ne cache plus ses ambitions de « redonner à César ce qui appartient à César ». C'est là que les sociétés françaises d'hydrocarbures, de par leur dimension, tentent de contrecarrer sa forme de business contraire aux pratiques des majors du secteur.

En gros, faire en sorte que le pétrole et le gaz africains profitent aux Africains, propriétaires de leurs richesses, et non plus aux grandes compagnies pétrolières mondiales, qui spoliaient jusqu'à récemment les pays du Sahel et l'Afrique en général.

La politique de l'Algérie, dans grand nombre de domaines, a toujours agi en totale discrétion, d'abord par la crainte des convoitises des puissances étrangères, mais aussi par sa culture du secret héritée probablement lors de la révolution pour son indépendance.

Qui sait par exemple que cette société algérienne d'hydrocarbures, grâce à ses 49 filiales à l'étranger, opère dans la recherche, l'exploration et l'exploitation de centaines de puits de pétrole et de gaz ? Elle assure aussi l'assistance, le conseil et la coopération technique dans une quinzaine de pays, parmi lesquels la Tunisie, la Libye, la Mauritanie, le Mozambique, l'Angola, le Nigéria, le Niger, le Mali, le Pérou, Oman et le Koweït, entre autres.

En quoi consiste cela ?

Les majors, lorsqu'elles prennent des concessions de puits de pétrole et de gaz auprès des pays africains, se réalisent souvent sous le diktat de la loi du plus fort, à savoir : 80% des richesses générées vont aux majors contre seulement 20 à 25% de royalties quand ce n'est pas moins aux propriétaires africains.

L'approche de la SONATRACH est diamétralement opposée, les Africains doivent bénéficier de la totalité des revenus de leur richesse, être formés par leurs paires africains qui en détiennent la compétence, pour que, après les découvertes, ils exploitent eux-mêmes leurs infrastructures pétrolières et gazières.

Des contrats d'exploration, d'exploitation ou d'assistance avec des pays en Afrique sont déjà en cours, d'autres suivront à l'issue de la fin des contrats de concession avec les majors pour recouvrer le fruit de leur bien.

Une autre société algérienne, le mastodonte SONALGAZ, spécialisée dans la production et la distribution de l'électricité, s'active aussi pour contribuer à l'électrification des pays limitrophes du Sahel ainsi qu'à un apport additionnel d'énergie électrique à l'Italie et à l'Espagne, en utilisant ses pipelines existants.

L'Algérie produit actuellement un important excédent d'énergie électrique dont elle exporte une partie vers la Tunisie, le Maroc (suspendu) et l'Europe.

Cette production d'énergie sera encore plus importante conséquemment aux importants investissements envisagés dans les énergies renouvelables photovoltaïque, éoliennes et hydrogène.

©Copyright (2025) Med Kamel YAHIAOUI, droits de l'auteur protégés

Monsieur Eric ZEMMOUR de grâce, cessez de vous dire un juif berbère d'Algérie *.

Selon la Thora, la bible juive, pour être juif, il faut naître d'une mère juive et la mère juive ne peut épouser un homme autre qu'un juif, autrement dit, la mère ne peut épouser un Berbère pour que naisse un juif berbère.

La thèse du juif berbère algérien s'accentue en France et l'on se demande la raison de cette offensive. Son seul intérêt est probablement politique, car il existe un vivier électoral non négligeable de Franco-Berbères en France. Cela rappelle l'attitude du cardinal Massignon qui, pour diviser la solidarité des Algériens pendant la colonisation, disait aux Kabyles qu'ils étaient d'origine romaine et par conséquent chrétiens.

Essayons de revisiter l'histoire des juifs au Maghreb *(1)*. Je prends sciemment le fief des Aurès et ses environs en Algérie, ce berceau de l'origine berbère qui s'est ensuite étendu sur l'ensemble du Maghreb et au-delà.
Ce choix n'est pas discriminatoire par rapport aux autres régions ou pays, mais simplement parce que c'est dans cette contrée qui fut le berceau des Berbères que nous observons le plus d'enchevêtrements des religions berbères.

©Copyright (2025) Med Kamel YAHIAOUI, droits de l'auteur protégés

Au commencement, les Berbères, tout comme les autres peuples de l'époque, avaient leur propre croyance, la divinité des ancêtres, les divinités de lieu ou d'objets ; ils étaient ce qu'on appelle communément aujourd'hui des polythéistes (croyant en plusieurs dieux).

Dans l'ordre, le judaïsme a été la première religion monothéiste qui fut son apparition chez les Berbères du Maghreb avec l'arrivée des juifs. Sauf à faire référence pour le principe historique aux origines cananéennes et autres substrats, il semble plus crédible de situer cette apparition, conséquence de l'exil des juifs, à la suite de la supposée destruction du temple de Jérusalem au VIe siècle avant J.-C. et celui de l'an 70 après J.-C. En effet, la proximité géographique est privilégiée dans cette hypothèse.

Bien entendu suivirent les juifs venus au Maghreb après la Reconquista espagnole et portugaise du 15e siècle ou encore les juifs arrivés progressivement depuis la colonisation française de l'Algérie.

Depuis l'antiquité jusqu'au décret Qrémieux de 1872, en tout, 34.000 juifs étaient répertoriés parmi une population autochtone d'environ 3.000.000 Algériens, ce qui représente à peine 1,1% de la population totale algérienne.

©Copyright (2025) Med Kamel YAHIAOUI, droits de l'auteur protégés

Étant donné l'afflux important de familles juives expulsées d'Espagne vers l'Algérie lors de la reconquista de 1492 et celles arrivées pendant la colonisation française entre 1830 et 1872 (inclus dans le décompte des 34.000 juifs répertorier lors du décret Qremieux), on peut conclure, avec une faible marge d'erreur, que la proportion de juifs dans l'antiquité en Algérie était infime pour constituer des tribus susceptibles de compter en leur sein des Berbères convertis (a)

Cette religion fut donc observée par les migrants juifs eux-mêmes, mais le judaïsme par essence n'étant pas une religion prosélytique, sa rigueur de la Thora et du Talmud n'attribue le statut de juif qu'à l'être né d'une mère exclusivement juive et qu'elle-même, ne peut épouser qu'un juif à l'exclusion de toute autre ethnie. Les Berbères, quant à eux, étaient polythéistes, tout comme les Romains jusqu'à la décision de l'empereur Constantin 1er d'imposer le christianisme comme religion d'État au 4e siècle après J.-C.

Ce qui est important à retenir, c'est que les Berbères, par leur caractère polythéiste et au vu de la rigidité des conversions au judaïsme, il n'existe pas de Berbères de confession juive, comme on voudrait bien nous le faire croire, excepté les migrants juifs eux-mêmes et leur descendance qui vécurent parmi les Berbères.

©Copyright (2025) Med Kamel YAHIAOUI, droits de l'auteur protégés

(a) Un autre aspect non négligeable de cette époque est que seuls les Juifs avaient des noms et des prénoms généalogiquement et ethniquement hébreux, comme les noms de famille Cohen, Levi, Dayan, Israël, ou encore les prénoms David, Salomon, Joseph, Isaac. Rachel ou Deborah, cependant, bien que cette ethnie soit spécifique, les Juifs avaient adopté les pratiques et coutumes des Berbères ainsi que leur langue vernaculaire. Les Berbères accordaient à la communauté juive sa participation dans la vie citadine et avaient même des représentants dans les assemblées berbères. Une minorité d'entre eux accéda même à des fonctions régaliennes.

De nos jours, il existe encore, dans le centre de Ghardaia (Algérie), un lieu où se réunissait l'assemblée des Berbères avec deux sièges réservés aux juifs de la contrée.

Cependant, malgré la spécificité de cette ethnie, les juifs avaient adopté les pratiques et coutumes berbères, voire la langue vernaculaire.

Avec l'avènement du christianisme au 4e siècle, des Berbères anoblis par les Romains ou désirant se hisser dans la haute bourgeoisie se sont convertis au christianisme. Mieux encore, quelques-unes de leurs tribus ont donné naissance à des théologiens illustres, comme Saint Augustin d'Hypone, l'actuelle Annaba.

Mais l'avènement du christianisme a connu de multiples rebondissements suivis de persécutions des présumés schistes ou hérétiques inhérents à des différences doctrinales entre l'église et la religion d'État.

Dans la classe rurale, on a observé des conversions, non pas motivées uniquement par la foi, mais dans l'espoir d'obtenir la compassion chrétienne pour assurer leur survie. Les nouveaux convertis, appelés « donatiens », ont alors réagi violemment, saisissant les récoltes des propriétaires fonciers pour subvenir à leurs besoins. Ils ont été rapidement rejoints par un groupe différent, nommé « les circoncilliens », composé d'ouvriers agricoles. Ces derniers, animés du même sentiment, ont également pris les armes, contraignant les propriétaires à résilier les dettes et à libérer les esclaves.

Avant et après la décadence romaine, les Berbères continuaient ou avaient repris leurs religions animistes d'antan. Ainsi, le culte des ancêtres propre aux Berbères et aux divinités, comme le Dieu-Ammon, le culte du Dieu Bélier, la chèvre sacrée, les astres, la sacralisation de

certains lieux spécifiques auxquels on accordait une puissance divine.

Le retour aux cultes berbères et l'abandon des pratiques religieuses des quelques convertis au christianisme vont être favorisés par la persécution des vandales dès le Ve siècle après J.C, contre le christianisme et le judaïsme ; les vandales détruisirent les lieux de culte, et décimèrent pratiquement les cadres religieux en les passant par le glaive, y compris les prêtres de second niveau. Après les vandales, c'est au tour des Byzantins de s'attaquer aux religions monothéistes suscitées par des querelles doctrinales.

(1) Source: Extrait du livre « Berbère et arabe, l'histoire controversée par Med Kamel YAHIAOUI

©Copyright (2025) Med Kamel YAHIAOUI, droits de l'auteur protégés

Sous le pseudo de Massine TACIR ou sous son propre nom, Med Kamel YAHIAOUI est un Écrivain et Essayiste éclectique de nombreux ouvrages. Éditorialiste du site www.Yakale-dire.com, il contribue également dans les journaux Mediapart, Agoravox et AlgériePatriotique, parmi ses ouvrages :

- *Israël et Palestine, droit commun ou droit divin (2023)*
- *Berbères et Arabes, l'histoire controversée (2019)*
- *La guerre d'Algérie, de l'amour et de l'amitié aussi (2020)*
- *Le Petit Fellagha (2017)*
- *Madeleine et l'indigène (2018)*
- *Maximes et réflexions contemporaines (2016)*
- *Que se passe-t-il à Tobicor (2017)*
- *Les secrets de la bâtisse (2020)*
- *Les Maximes de notre temps (2016)*
- *L'Algérie règle ses comptes avec la France (2025)*

©Copyright (2025) Med Kamel YAHIAOUI, droits de l'auteur protégés